　　本书得到了中央高校基本科研业务费专项资金（项目编号：2009B22614）和河海大学"211工程"三期重点学科建设项目"技术经济及管理"的资助。

高校社科文库
University Social Science Series

教育部高等学校
社会科学发展研究中心

汇集高校哲学社会科学优秀原创学术成果
搭建高校哲学社会科学学术著作出版平台
探索高校哲学社会科学专著出版的新模式
扩大高校哲学社会科学科研成果的影响力

高管团队人口特征对
高管离职的影响研究

The Influence of Demographic
Dissimilarity within Top Management
Teams on Executive Turnover

张 龙
邓玉林 /著

光明日报出版社

图书在版编目（CIP）数据

高管团队人口特征对高管离职的影响研究 ／ 张龙，
邓玉林著 . -- 北京：光明日报出版社，2010.12（2024.6 重印）
（高校社科文库）
ISBN 978 - 7 - 5112 - 0937 - 5

Ⅰ.①高… Ⅱ.①张… ②邓… Ⅲ.①企业—领导人
员—研究 Ⅳ.①F272.92

中国版本图书馆 CIP 数据核字（2010）第 226622 号

高管团队人口特征对高管离职的影响研究
GAOGUAN TUANDUI RENKOU TEZHENG DUI GAOGUAN LIZHI DE YINGXIANG YANJIU

著　　者：张　龙　邓玉林			
责任编辑：田　苗　杜　星		责任校对：戴蓓芬　陈思玉	
封面设计：小宝工作室		责任印制：曹　净	

出版发行：光明日报出版社

地　　址：北京市西城区永安路 106 号，100050

电　　话：010-63169890（咨询），010-63131930（邮购）

传　　真：010-63131930

网　　址：http://book.gmw.cn

E - mail：gmrbcbs@gmw.cn

法律顾问：北京市兰台律师事务所龚柳方律师

印　　刷：三河市华东印刷有限公司

装　　订：三河市华东印刷有限公司

本书如有破损、缺页、装订错误，请与本社联系调换，电话：010-63131930

开　　本：165mm×230mm

字　　数：184 千字　　　　　　印　　张：10.25

版　　次：2010 年 12 月第 1 版　　印　　次：2024 年 6 月第 2 次印刷

书　　号：ISBN 978 - 7 - 5112 - 0937 - 5 - 01

定　　价：48.00 元

序

经济全球化和企业国际化给组织管理带来的一个重要影响是：组织员工队伍趋于多样化。员工队伍多样性是一把双刃剑：一方面，它是创造性的解决方案的催化剂，有助于提高组织绩效；另一方面，它也是冲突、离职等消极行为的良好媒介，对于组织绩效有负面影响。鉴于此，员工队伍的多样性、多样化问题在过去几十年来一直是社会学、心理学、组织行为科学等领域的研究热点。

从人口特征角度去探讨高管团队多样性问题发端于 1984 年 Hambrick 和 Mason 的经典研究。在此之前，对于组织中的多样性问题的研究主要是从心理学角度入手的，研究的是组织员工在心理特征——如认知和价值观——上的多样性。和心理特征相比，人口特征的一个突出特点在于它们是"可观察的管理特征"，因而能够便利地用于管理决策。Hambrick 和 Mason 的研究开创了一个全新的高管团队人口特征研究领域。2004 年，在上述经典论文发表 20 年之际，Carpenter 等学者回顾了这个领域的研究。他们发现，Hambrick 和 Mason 的论文被引用超过 500 次。不过尽管如此，他们还是发现，这些研究基本上是在西方背景，特别是美国背景下进行的，因而他们提出，未来的研究有必要关注非西方背景。

可以说，本书是对 Carpenter 等学者的提议的一个回应。作者立足于中国背景，较为系统地分析了中国企业高管团队人口特征对于高管离职的影响。全书共分七章：第一章介绍了写作背景，阐述了研究的起因和目的，并界定了研究问题；第二章梳理了相关文献；第三章立足于中国的经济转型和社会文化价值观两个背景特征，修正了高管团队人口特征影响高管离职的理论模型；第四章统计分析了 1991~2005 年沪深上市公司高管（团队）人口特征的概况，一方面验证了第三章提出的有关中国企业高管（团队）人口特征演变的假说，另一方面为后续的实证研究提供了背景；第五章到第七章展示了三项实证研究，即高管接受 MBA 教育情况对于其提升和离职的影响（个体层面），高管团队人口特征差异对于高管离职的影响（团队层面），以及高管团队中垂直对人口特征差异对于高管离职的影响（垂直对层面）；第八章给出了全书研究的结论。

作为人口特征研究的中国化尝试，本书并非纯粹的重复性研究。概括说来，本书的贡献在于一方面在中国背景下检验了某些在西方背景下得到的结论，做了把高管团队人口特征研究本土化的努力；另一方面通过考察中国的实际情况，分析了新的问题，加入了新的人口特征变量，从而拓展了全球范围内这一研究领域的边界。

具体说来，本书在下面四个方面做了扎实的工作：第一，分析了中国的经济转型和社会文化价值观作用于高管团队人口特征—高管离职关系的机理，展示了国别背景如何影响人口特征和高管离职的关系；第二，对于 1991 ~ 2005 年沪深上市公司高管团队人口特征及其演变情况进行了统计分析，为中国背景下进行高管团队人口特征研究提供了丰富的背景信息，也为完善高管团队人口特征理论提供了一个思路，即从演化的角度去考察高管团队人口特征差异；第三，在实证研究中，本书引入了一些不同于以往同类研究的变量，包括新的组织人口特征（如高管选择方式）和独特的调节变量（如企业改革进程），展示了转型经济中高管团队人口特征差异作用于高管离职的独特机理；第四，对于高管团队中垂直对的研究把职位层级看作一个情境变量，分析了高管团队中人口特征差异的方向问题，突破了以往高管团队人口特征研究仅关注文化、环境和绩效等宏观调节变量的做法，对于未来探讨微观因素，特别是个体特征对高管人口特征差异—产出变量关系的影响具有积极的启示价值。

作者已经在这个领域进行了五年多的研究，取得了一系列的研究成果，其中部分发表于高水平的学术期刊或者曾在国内、国际高层次的学术会议上进行交流，而这本书反映了这些成果的基本状况。整体而言，本书所收录的研究成果较为深入地分析了我国企业高管团队人口特征对于高管离职的影响。对于这个领域的研究者来说，本书具有重要的专业性参考价值；对于企业管理者来说，本书的研究能够帮助他们更好地理解高管团队的构成并预测其所具有影响，进而结合企业的战略和人力资源政策，通过招聘、提升、解雇等措施来调整高管团队的构成。

作为研究人口特征和高管离职问题的专著，本书对于人力资源管理和公司治理领域的研究者和实践者具有参考价值，也适合作为相关领域的研究生和高年级本科生的补充读物。我乐意向读者推荐这本书。

张阳

河海大学商学院院长、教授、博士生导师

2010 年 9 月 16 日

CONTENTS 目 录

第一章 引言 / 1

第一节 研究缘起 / 1

第二节 研究问题的界定 / 4

第三节 研究目的 / 6

第四节 主要工作和创新 / 7

第二章 文献回顾 / 8

第一节 组织人口特征的含义 / 8

一、人口特征属性 / 8

二、高管团队人口特征 / 11

第二节 组织人口特征研究的两个流派 / 13

第三节 人口特征影响离职的理论基础 / 15

第四节 人口特征影响离职的经验检验文献 / 16

第五节 人口特征影响离职研究的局限 / 23

第三章 高管团队人口特征影响高管离职的理论模型 / 25

第一节 高管团队人口特征影响高管离职的传统模型 / 25

一、Hambrick & Mason(1984)模型 / 25

二、Carpenter,Geletkanycz & Sanders(2004)模型 / 28

第二节 跨文化因素对高管团队人口特征影响高管离职传统模型的挑战 / 30

第三节 中国背景下高管团队人口特征影响高管离职模型的构建 / 31

一、中国经济转型对企业高管团队人口特征的影响 / 32

二、中国的社会文化价值观对组织过程的影响 / 38

第四章 沪、深上市公司高管团队人口特征分析 / 44

第一节 高管团队人口特征变量及其测量 / 44

一、高管团队的界定 / 44

二、人口特征变量的操作性定义 / 46

三、高管团队人口特征多样性的测量 / 47

第二节 数据来源和样本选取 / 49

第三节 高管人口特征的描述性统计 / 53

第四节 高管团队人口特征的描述性统计 / 61

第五节 中国企业高管团队人口特征的进一步分析 / 65

一、高管团队人口特征的纵向差异 / 65

二、高管团队人口特征的国别差异 / 67

第五章 简单人口特征对高管离职与提升的影响:以接受 MBA 教育情况为例 / 69

第一节 理论发展和研究假设 / 69

第二节 研究方法 / 72

一、样本和数据 / 72

二、变量描述 / 73

三、参数估计方法 / 75

第三节 统计分析结果 / 76

第四节 讨论 / 79

第六章　高管团队人口特征差异影响高管离职的实证分析　/ 81

第一节　理论发展和研究假设　/ 81

一、高管人口特征差异对高管离职的影响　/ 83

二、中国背景下的几个调节变量的作用　/ 89

第二节　研究方法　/ 91

一、样本和数据　/ 91

二、测量方法　/ 92

三、数据分析方法　/ 96

第三节　假设检验　/ 98

第四节　讨论　/ 107

一、对假设检验结果的探讨　/ 107

二、研究意义　/ 113

三、研究局限和进一步研究方向　/ 113

第七章　高管团队中垂直对人口特征差异对高管离职的影响　/ 116

第一节　理论背景和研究假设　/ 117

一、垂直对中的人口特征差异　/ 117

二、垂直对人口特征差异—高管离职关系的调节因素　/ 119

第二节　研究方法　/ 122

一、样本和数据　/ 122

二、变量测量　/ 122

三、参数估计方法　/ 124

第三节　统计分析结果　/ 125

第四节　讨论　/ 132

一、对假设检验结果的探讨和进一步研究方向　/ 132

二、研究意义　/ 135

第八章　结论　/ 136

参考文献　/ 138

后　记　/ 150

第一章

引言

在组织行为科学领域，有关性别、年龄等人口特征和各种组织行为的关系的研究被统称为组织人口特征研究（organizational demography）（Pfeffer，1983；Stewman，1988）。其中的一个重要分支以高管团队作为分析对象，主要研究高管团队人口特征对高管个人、高管团队和组织的影响，相关的文献被称为"高层梯队理论"（An Upper Echelon Perspective of Organization）（Carpenter，Geletkanycz & Sanders，2004；Hambrick & Mason，1984；张平，2006；张必武和石金涛，2005）。在相关文献分析的组织产出变量中，离职是较为重要、受到广泛关注的一个。

第一节　研究缘起

组织人口特征之所以受到广泛关注，原因主要有三个：第一，组织员工的人口特征具有较强的解释能力，深化了我们对组织行为的理解。研究表明，组织员工的人口特征影响一系列的组织行为，如人员调整（Wagner，Pfeffer & O'Reilly，1984）、员工的任务绩效（basic task performance）和角色外行为（extra-role behavior）（Tsui，Porter & Egan，2002）、忠诚度（Tsui，Egan & O'Reilly Ⅲ，1992）、冲突（Pelled，1996）、战略变革（Wiersema & Bantel，1992）。第二，人口特征是有用的管理和政策制定工具，它们在组织创新、退休计划、内部权力斗争、职业发展、劳动力成本预测、人员雇佣和配置等方面具有指导性价值（Stewman，1988）。第三，组织员工的人口特征反映了他们的认知基础和价值观等心理特征，提供了心理测量之外的另一条研究组织动力学的途径。组织员工的认知基础包括他对未来事件的假设或知识、对备选方案的知识以及有关各种备选方案实施结果的知识；价值观则决定了组织员工对各种备选方案的偏好以及相应的排序（Hambrick & Mason，1984）。卡内基学派（Carnegie School）认为，复杂决策在很大程度上是行为因素作用的结果，而非经济最优化机制作用的结果，因此，战略选择在一定程度上反映了决策者的特质（idiosyncracy）（Hambrick & Mason，1984）。心理测量和研究是理解组织动力学的一个重要途径。但是，认知基础和价值观等心理特征并不容易测量，而且直接测量容易产生偏误，仅仅依赖标准的心理维度，如控制位置（locus of control）、模糊忍受力（tolerance of ambiguity）或认知风格（cognition style），将极大地限制研究的深入（Hambrick & Mason，1984）。人口特征具有客观、可观测性强等特点，而且其中的一些（如工作年限和工作经历）在内涵上也有别于任何单一的心理概念，因此，人口特征提供了一个新的视角，使我们可以更为准确地研究组织员工之间的相似性或差异性，从而剖析群体动力学及其结果。

围绕着组织人口特征和组织产出的关系，学术界已经做了相当广泛和深入的研究。但是，绝大多数文献以西方国家，特别是美国组织为研究对象，反映的是西方国家人群的人口特征及隐藏其后的社会特点。在经济和社会全球化已经成为现实的今天，这些研究的结论对其他国家和民族是否适用显得尤为引人关注。Boyacigiller（1991）在批评组织行为研究时指出，研究者要避免采用一个国家的样本来验证一般性的理论和模型，发展具有全球性的组织科学，明确区分普适性的（universal）、地区中心性的（regiocentric）、跨文化的（intercultural）、适用于特定文化的（culture-specific）各种理论。徐淑英和张志学（2005）在论述开展中国本土管理研究的策略时也指出，"对现有研究结果（多在美国组织中进行）的回顾表明，它们中的大部分并不能在其他国家简单地复制"（徐淑英和张志学，2005，p. 4）。在过去二十多年中，无论是社会文化还是经济发展，中国都和西方国家存在很大的差异，因而中国学者在进行组织科学的研究时，应当针对具体情景，开展本土化研究（徐淑英和张志学，2005）。

组织人口特征研究领域发表于重要国际期刊的文献中，以非美国企业高管团队为研究对象的非常少见，作者仅检索到4篇，包括Choi（2007）对韩国企业的研究、Wiersema & Bird（1993）对日本企业的研究以及Boone，Olffen，Witteloostuijn & Brabander（2004）和Godthelp & Glunk（2003）对荷兰企业的研究。其中只有Wiersema & Bird（1993）特别关注了国别差异对研究结果可能具有的影响，他们从日本和西方文化的差异入手，阐述了文化因素在组织人口特征研究中的影响：一是不同文化背景中人口特征会有所差异，比如，岛国性质和企业内部市场的使用限制了日本企业高管在人口特征上的差异，因而日本企业高管团队多样性低于美国企业（Wiersema & Bird，1993）；二是文化背景具有调节人口特征和组织产出关系的作用，日本特定的社会文化价值观使日本人对同事间的微小差异非常敏感，从而放大了人口特征差异对组织高管离职的影响，其程度超过了美国的情况（Wiersema & Bird，1993）；三是不同的文化环境能够提供研究不同人口特征的条件，比如，在日本，一个人就读的大学是其所处社会阶层的重要指标，因而两个曾在同一层次大学就读的高管往往具有较强的认同感，大学声誉是影响日本企业高管团队行为的重要指标（Wiersema & Bird，1993）。

国内针对高管团队人口特征的研究才刚开始，张平（2006）、张必武和石金涛（2005）以及刘树林和唐均（2004，2005）对相关的文献作了梳理和介绍。另外有一些学者基于中国企业的数据进行了实证研究，其中，张龙和刘洪（2009）以 2001～2003 年沪深上市公司为样本，分析了高管团队中董事长—高管和总经理—高管人口特征差异对于高管离职的影响；陈传明和孙俊华（2008）基于上市公司数据研究了企业家的人口背景特征和企业多元化战略选择的关系；孙海法等（2006）基于中国上市公司的数据，分析了高管团队人口特征对纺织和信息技术公司净资产收益率（ROE）和权益托宾 Q 值（Tobin Q）的影响；曹廷求和段玲玲（2005）以山东省的农村信用社为例，分析了高管的管理经验和任职年限对信用社总资产收益率（ROA）的影响；魏立群和王智慧（2002）以沪、深股市 114 家上市公司为例，研究了企业高管团队成员的平均年龄和人口特征多样性与企业净资产收益率和总资产收益率的关系。这些研究得到的结果或多或少不同于西方的文献，其中原因值得进一步探讨，并且启发中国学者研究高管团队人口特征对绩效之外的组织产出变量的影响。

有关高管团队人口特征影响组织产出的本土化研究的特点，不但可能体现在东西方文化的差异上，还可能表现在企业所承担的社会经济角色的转换上。中国是当今世界上最大的转型经济国家。在过去二十多年中，中国企业逐渐从计划经济条件下的生产单位向市场经济条件下的经营实体转化。这促使企业组织中员工的人口特征也逐渐发生变化，包括普通员工和管理者。在中国企业改革进程中，企业高级管理者是备受关注和广为研究的一类人群，他们的决策和更替轮换往往对企业产生巨大的影响（张龙和刘洪，2006）。本书将从中国的社会文化价值观和经济转型两个角度阐述中国背景的独特性，构建适合中国情境的高管团队人口特征影响高管离职的模型，进而进行实证检验。高管离职是个体层面的产出变量，这有别于以往基于中国企业的研究，它们都以组织绩效作为产出变量。

第二节　研究问题的界定

本书尝试探讨的问题是，中国企业高管团队人口特征对高管离职有何影响。为了分析这一问题，有必要从理论上分析在中国背景下，高管团队人口特征作用于高管离职等组织产出变量的机制有何不同，也就是构建中国背景下高管团队人口特征影响高管离职的理论模型。这个模型需要回答两个问题：首先，在中国背景下，高管团队人口特征有何特点？其次，高管团队人口特征和高管离职的关系是否具有独特性？要回答这两个问题，必须找到体现中国背景独特性的因素。徐淑英和张志学（2005）指出，在国际管理研究中，常见的情境化形式是利用国家特征的不同，如文化和经济变量，来预测组织和个人某些现象的不同。本书对中国情境的分析考虑了中国经济转型和文化特征两个因素，它们对高管团队人口特征的作用体现在如下两个方面：首先，90年代初期以来，中国企业高管团队人口特征可能发生了显著变化，而不像西方企业高管团队那样保持相对稳定。直到上个世纪90年代早期，我国企业高管团队的人口特征仍然具有较高的同质性。其表面原因是高管候选人群体的同质性，深层原因包括：户籍制度分割了农村和城市，阻碍了不同地区间人口的流动；国有企业所实施的终身雇佣制度阻碍了人员在企业间流动，降低了选择高管的空间；高管选择标准僵化，重政治素质，重资历等等。伴随着一系列深化经济体制改革的措施的出台和实施，包括1990年分别在上海和深圳两地设立证券交易所以及1992年启动人事制度改革，许多企业逐步建立起现代企业制度。尽管政府对国有企业仍然保留着很强的影响力，但是现代企业制度的建立减弱了外部政治力量对企业运作的干预，打开了企业自主制定人力资源政策并付诸实施的大门。高管选择标准发生了变化，与业务相关的技能和能力，而非政治和意识形态方面的素质，成为选择管理者时考虑的首要因素；"资历"作为选择高管的标准的重要性有所下降。同时，高管候选人群体在人口特征上也趋于多样化，这为高管团队人口特征多样化创造了条件。

其次，中国的社会文化价值观影响高管团队人口特征作用于组织过程的机制。Hofstede & Bond（1988）、Locket（1988）和 Björkman & Lu（1999）归纳了中国传统文化的四个重要价值观，即集体主义、关系、面子和尊重资历。中国人的集体主义自我观起到了协调思考方式和行为，抑制多样性的功能；同时也起到了放大差异性的作用。重视关系和脸面是影响中国人感知和处理人际差异的两个重要价值观，其目的都是为了实现"和"，也就是人与人之间的和谐相处。当关系非常重要，或者让对方丢面子可能导致报复时，中国人特别不愿意公开表达不同意见。尊重资历则体现在人们对待集体主义、处理关系和面子问题的种种行为中。这些中国传统的文化价值观对中国经理人的影响也并不是一成不变的，近年来新儒家主义的发展对其产生了潜移默化的影响。首先是个人主义有所增强；其次，关系仍然在经济生活中扮演着重要的角色，但是它和经济活动的关联更强了；再次，面子仍然被人们重视，但是，在市场经济条件下，收入高低成了决定个人地位的重要因素。这些变化将促使中国人采取更加直接的方式处理人际差异。

除了构建中国背景下高管团队人口特征对高管离职影响的理论模型，我们还对这一模型中提出的两类基本命题作了实证检验。首先，在中国背景下，高管团队人口特征有何特点？为了回答这个问题，我们统计分析了 1991～2005年历年沪、深两市 A 股上市公司高管和高管团队人口特征的基本情况，涉及高管年龄、性别、任职时间、受教育专业、接受 MBA 教育情况、受教育程度、来源和选择方式等八个人口特征属性。其次，中国企业高管团队人口特征对高管离职有何影响？为了回答这一问题，我们开展了三项实证研究：第一，以高管接受 MBA 教育情况为例，分析了简单人口特征对于高管离职的影响；第二，分析了高管与团队中其他成员的人口特征差异对其离职的影响，并且结合中国企业的实际情况，检验了时间（企业改革进程）、企业所有制和高管选择方式的市场化程度等变量对于这一关系的调节作用；第三，考虑到"垂直型集体主义"是中国组织的典型特征，职位高低不同的高管之间存在的尊卑差别要比在西方组织中更加明显，因而我们进一步分析了高管团队中垂直对（总经理—高管对和董事长—高管对）人口特征差异对高管离职的影响。

简而言之，本书研究的问题包括以下五个：

（1）中国背景下高管团队人口特征影响高管离职的理论模型的构建；

（2）中国企业高管团队人口特征分析；

（3）简单人口特征（以接受 MBA 教育情况为例）对高管离职的影响；

（4）高管团队人口特征差异对高管离职的影响；

（5）高管团队中垂直对人口特征差异对高管离职的影响。

第三节　研究目的

本书构建了中国背景下高管团队人口特征影响高管离职的理论模型，并作了相关的实证分析。本研究的目的可以概括为两个方面：首先是高管团队人口特征影响组织产出相关研究的本土化。这一领域的研究在西方国家已经有几十年的历史，在我国则是最近几年的事（曹廷求和段玲玲，2005；魏立群和王智慧，2002；孙海法、姚振华和严茂胜，2006；张必武和石金涛，2005；张龙和刘洪，2009；陈传明和孙俊华，2008）。"有关这一问题的研究填补了组织、人口特征和劳动力这三个不同领域之间的研究空白，其中相当多的工作不但涉及人口特征，还涉及组织决策者"（Stewman，1988，p.174）。决策者的人口特征在一定程度上反映了他的价值观和认知基础，而文化背景对两者之间的关系有很强的影响作用。我国作为迅速成长的发展中国家，在文化、经济体制和社会进程等方面都不同于成熟的市场经济国家，因而在研究组织人口特征时需要借助西方的研究方法进行理论分析，并结合中国的实际情况进行实证对比。从国内已经发表的论文看，基于中国样本的研究得到的结果有别于基于西方样本的研究，但是它们具有一个共同的缺点，也就是，作为高管团队人口特征研究的本土化尝试，它们没有对中国背景的独特性及其影响进行详细阐述。比如，中国背景与西方国家有何不同？它对组织过程有何独特影响？在中国背景下，组织人口特征作用于组织产出的机制有何不同？这些问题都有待探讨。本书试图弥补这一研究空缺，从中国的经济转型和文化价值观两个角度分析中国企业高管团队人口特征及其作用于组织过程的独特性，开发中国背景下高管团队人口特征作用于高管离职的理论模型。另外，魏立群和王智慧（2002）、曹廷求和段玲玲（2005）以及孙海法等（2006）关注的是高管（团队）人口特征和组织绩效的关系，陈传明和孙俊华（2008）探讨的是企业家的人口特征和企业的战略选择的关系，这些研究关注的都是组织层面的产出变量，而不是高管个体层面的产出变量。因此，本书对高管离职的研究有助于丰富中国背景下的组织人口特征研究。

其次，本书试图通过在中国背景下构建高管团队人口特征影响高管离职模型并进行经验检验，达到拓展全球范围内组织人口特征研究边界的目的。第一，中国背景下的研究能够增加关于组织人口特征模型是否具有一般性的证据，有助于探讨和发现组织人口特征模型的适用条件；第二，本书的研究将引入一个新的人口特征变量，即高管选择方式，这无疑将拓展组织人口特征研究的范围；第三，本书在研究过程中考虑了关系型人口特征中的非对称性问题，即在一个关系对中，高管由于年龄、职位等方面的不同，同样大小的人口特征差异对他的影响具有差别。举例来说，在一个总经理和副总经理组成的关系对中，假定年龄差异都是 10 岁，在总经理比副总经理年长的情况下，年龄差异所具有的影响不同于总经理比副总经理年轻的情况下。最后，目前绝大多数的组织人口特征研究基于截面数据开展，只有个别例外，如 Boone, Olffen, Witteloostuijn & Brabander（2004），不足以说明组织人口特征和组织产出是否具有因果关系。本书采用 1991～2005 年期间中国上市公司的时间序列数据，希望能够提供新的证据来支持高管团队人口特征和高管离职之间的因果关系。

第四节　主要工作和创新

本书的主要工作和可能的创新表现在三个方面：

第一，中国背景下高管团队人口特征作用于高管离职模型的构建。中国经济转型推动了中国企业高管团队人口特征的多样化。中国的社会文化价值观对组织过程的影响主要体现在，中国企业高管团队人口特征的多样性可能不同于西方国家，它对高管离职等组织产出变量的作用也可能有所不同。

第二，搜集和整理了 1991～2005 年共计 15 年间中国数百家上市公司高管团队人口特征和高管离职的相关数据（剔除了数据不全的公司），经过编码和计算，最终描述了这一时期中国上市公司高管团队人口特征和高管离职的概况。

第三，实证检验了中国背景下高管团队人口特征对高管离职的影响。这一部分工作的新意主要体现在引入了一个新的人口特征变量——高管选择方式，考虑了关系型人口特征中的非对称性问题，以及基于时间序列数据分析高管团队人口特征和高管离职之间的关系。

第二章

文献回顾

对任何组织而言，高管离职，特别是首席执行官的离职，都具有战略意义。高管离职"不但影响组织成员，还会作用于组织的经济和政治氛围"（Kesner & Sebora，1994，p. 328）。在组织人口特征研究涉及的众多产出变量中，离职是受到较多关注的一个。这一章梳理论述组织人口特征对人员离职的影响的重要文献。

第一节　组织人口特征的含义

一、人口特征属性

要研究高管团队的人口特征（team demography），首先要界定高管的人口特征属性。按照 Lawrence（1997），组织人口特征属性可以分为三类：第一类是个体与生俱来的人口特征（attributes that describe immutable characteristics），第二类是描述个体与组织关系的人口特征（attributes that describe individuals' relationships with organizations），第三类是界定个体社会地位的人口特征（attributes that identify individuals' positions within society）。

第一类人口特征是个体与生俱来的特征，如年龄、性别和种族。在过去二十多年中，研究高管团队人口特征的学者关注的主要是年龄（Bantel & Jackson，1989；Boone et al.，2004；Cohen & Dean，2005；Pitcher & Smith，2001；Wiersema & Bantel，1992；Wiersema & Bird，1993；Zajac & Westphal，1996），个别研究考察了民族（Farh，Tsui，Xin & Cheng，1998；Wiersema & Bird，1993）或性别（West & Schwenk，1996）。

第二类人口特征描述个体与组织关系，其中服务时间和职能背景最受关注。服务时间在不同的文献中具有不同的内涵，最为典型的是将其界定为高管作为高管团队成员的时间（Boeker, 1997b; Boeker, 1997a; Cohen & Dean, 2005; Hambrick, Cho & Chen, 1996; Haveman, 1995; Keck, 1997; Keck & Tushman, 1993; Pitcher & Smith, 2001; Simsek, Veiga, Lubatkin & Dino, 2005; Smith et al., 1994; Tihanyi, Ellstrand, Daily & Dalton, 2000; Wagner, Pfeffer & O'Reilly, 1984; Wiersema & Bird, 1993）；其次是高管服务当前任职企业的时间，即司龄（Bergh, 2001; Finkelstein & Hambrick, 1990; Knight et al., 1999; Michel & Hambrick, 1992; Simons, Pelled, & Smith, 1999; Wiersema & Bantel, 1992）；最后一种，也是最不常见的一种是高管在当前行业工作的时间（Boeker, 1997b; Ferrier, 2001）。研究者往往根据研究背景和目的来确定如何测量服务时间。比如，在研究高管团队对企业目前战略的忠诚度时，高管是否参与制定了这些战略是个至关重要的问题，因此，把服务时间界定为高管作为高管团队成员的时间是恰当的（Boeker, 1997a）；在涉及高管所拥有的企业专有知识时，他/她服务当前企业的时间是一个有效的指标（Bergh, 2001）；在研究企业进入某个行业的细分市场时，高管对该行业的熟悉程度起着很重要的作用，而高管在该行业的工作时间是其行业经验的一个重要指标（Boeker, 1997b）。

职能背景是另一个描述高管与组织关系的重要变量，与此相关的问题主要有两个：一是如何对职能背景进行分类，二是如何确定高管的职能背景。职能背景分类存在较大的随意性，从分为两类到十六类不等，极少有一致的。Jensen & Zajac（2004）把高管的职能背景仅分为两类（财务和非财务），Westphal & Zajac（1995）分为三类（产出职能、过程职能和周边职能），Krishnan 等（1997）分为四类（市场营销、运作、财务和一般管理），Boeker（1997b）分为五类（研发、产品工程、市场营销、销售及其他），Keck & Tushman（1993）以及 Keck（1997）分为六类（财务和会计，生产运作，研发，运输、公共关系和分销等特别服务，市场营销，一般管理），Ferrier（2001）分为七类（工程/研发、财务/会计、生产、物流、采购、公共关系、一般管理），Simons 等（1999）分为七类（财务、人力资源、一般管理、市场营销、运作、研发、战略规划），Tihanyi 等（2000）分为七类（一般管理、工程、财务和会计、市场营销和公共关系、研发、生产运作和法律），Mechel & Hambrick（1992）以及 Carpenter & Fredrickson（2001）把职能背景分为九类（生产运作、研发、财务、会计、一般管理、市场营销、法律、行政管理以及人事和劳动关系），Bantel & Jackson（1989）分为十二类（会计、销售、信息系统、信托等），Hambrick 等（1996）分为十六类（首席执行官、首席运营官、财务/司库、计划、人事、公关事务、一般顾问/秘书、运作/现场服务、市场营销/销售/客户服务、信息系统、国际事务、维护/现场服务、一般管理、其他公司职能、会计/控制和其他），还有一些文献没有给出详细的职能背景分类（Simsek et al.，2005；Smith et al.，1994）。研究者之所以对职能背景分类持有迥异的观点，原因有以下几点：一是考虑了研究内容的相关性，如 Jensen & Zajac（2004）和 Bantel & Jackson（1989），前者研究的问题就是财务和非财务高管的差别，因而把职能背景分为财务和非财务两类，后者的研究对象是银行，因而职能背景中包含"信托"等银行业特有的职能；二是受制于数据来源，绝大多数研究的数据来源于公司高管名录，职能背景分类较为粗略，那些分类精细的研究通常采用问卷调查获得一手数据或者对相关的多种二手资料进行详尽研究，前者如 Bantel & Jackson（1989），后者如 Hambrick 等（1996）。在完成职能背景分类工作以后，需要对高管的职能背景进行编码。如果高管只担任过一类职能，那么对他的职能进行编码就简单直接；然而，在高管数年直至数十年的工作中他很可能承担过多种职能，在这种情况下，研究者通常按照高管承担的主要职能（一般定义为担任时间最长的职能）进行编码。个别研究关注高管经验的丰富程度，因而对高管承担过的所有职能进行编码（Geletkanycz & Black，2001）。

在描述高管与组织关系的人口特征中，高管受教育专业也是一个受关注较多的变量。Wiersema & Bantel（1992）和 Carpenter & Fredrickson（2001）把专业背景分为五类（文科、理科、工科、商业和经济、法律），Ferrier（2001）分为六类（商科、理科、文科、工科、法律和其他），Hambrick 等（1996）分为八类［文科、理科、工科、工商管理、经济、法律、商科（除了一般管理，如会计、财务）和其他］，Bantel & Jackson（1989）分为十七类。对受教育专业分类基本上遵循了人们对这一问题的一般观点，相互之间一致性较高。

除了上面三个描述个体与组织关系的人口特征变量以外，上个世纪 90 年代以来，跨国公司的蓬勃发展使人们日益关注高管的国际工作经验，这在高管团队人口特征的相关研究中也得到了充分反映。Athanassiou & Nigh（1999）研究了高管团队的国际业务咨询网络，Tihanyi 等（2000）研究了高管的国际教育和工作经验。Carpenter 是这一类研究中最具代表性的学者，他和他的同

事在最近几年发表了一系列相关研究，包括 Carpenter 等（2001）和 Carpenter &
Fredrickson（2001）对高管的国际外派经验的研究，Carpenter 等（2003）对
高管的企业国际化经验的研究。

第三类人口特征描述个体的社会地位。能否接受良好教育在许多国家是个
体所处社会阶层的表征，也是个体能否由较低阶层向上跃升的重要前导指标。
在有关个体社会地位的人口特征中，受教育水平被研究最多，其操作性定义有
多种，包括：学位级别（Boone et al. , 2004；Westphal & Zajac, 1995；Zajac
& Westphal，1996）、受教育年数（Bantel & Jackson，1989；Carpenter, 2002；
Knight et al. , 1999；Simons, Pelled & Smith, 1999；Smith et al. , 1994；
Wiersema & Bantel，1992）、是否拥有 MBA 学位（Bergh, 2001；Bertrand &
Schoar，2003）、是否具有研究生学历（Cohen & Dean，2005）、就读大学声誉
（Tihanyi et al. , 2000；Wiersema & Bird，1993）等。

另一个与个体社会地位有关的人口特征是个体的社会联系。个体在社会网
络中所处的结构洞（structural holes）位置和/或网络闭合（network closure）
位置是其社会资本的重要来源（Burt, 2000），因而可能影响个体层面或组织
层面的产出变量。高管团队人口特征研究者认为，高管的社会联系刻画了高管
利用外部资源的能力，因而也应当作为高管的属性加以研究（Lawrence，
1997）。Geletkanycz & Hambrick（1997）研究了高管的产业内、外联系，Col-
lins & Clark（2003）研究了高管团队内部和外部网络，Peng & Luo（2000）研
究了高管与政府官员和其他企业高管的联系，Athanassiou & Nigh（1999）研
究了高管团队内部的咨询网络。与上文提及的人口特征相比，社会联系概念要
复杂得多，目前的相关研究还处于探索性阶段。即便是对于那些被社会学家广
泛认可和使用的社会网络概念，如网络密度和结构洞，高管团队人口特征研究
者也极少使用，高管社会网络的测量仍然停留在对社会联系的简单计数。

二、高管团队人口特征

搜集高管个体人口特征属性是测量高管团队人口特征的基础。文献中研究
的高管团队人口特征主要涉及两个方面：一是高管团队人口特征的总体水平，
如平均教育水平、平均年龄等；二是以人口特征测量的高管团队的多样性/同
质性。前者的测量相对简单直接，如果人口特征变量是受教育年数、年龄等定
比数据（ratio level of measurement），那么通常采用各高管人口特征的简单平均
数来测量高管团队人口特征的一般水平（Bantel & Jackson, 1989；Boeker,

1997b；Carpenter & Fredrickson，2001；Collins & Clark，2003；Finkelstein & Hambrick，1990；Haveman，1995；Michel & Hambrick，1992；Smith et al.，1994；Wiersema & Bantel，1992；Wiersema & Bird，1993）；如果人口特征是学位、职能等定序（ordinal level of measurement）或定类数据（nominal level of measurement），那么一般采用具有某类特征的高管占高管总数的比例来描述高管团队人口特征的一般水平（Boone et al.，2004；Carpenter，Sanders & Gregersen，2001；Cohen & Dean，2005；Krishnan，Miller & Judge，1997；Wiersema & Bantel，1992），比如，具有财务背景的高管比例（Boone et al.，2004）。

从人口特征角度测量高管团队的多样性/同质性的方法也因人口特征变量测量尺度的不同而存在差异。对于定比性质的人口特征，绝大多数学者采用变异系数来测量其多样性（Bantel & Jackson，1989；Boeker，1997a；Ferrier，2001；Keck & Tushman，1993；Knight et al.，1999；Michel & Hambrick，1992；Simons，Pelled & Smith，1999；Smith et al.，1994；Wiersema & Bantel，1992），也就是变量值的标准差除以简单平均数。Allison（1978b）在一篇回顾不平等（inequality）测量方法的论文中指出，变异系数是测量诸如任职时间之类变量分布的首选方法，它克服了数据尺度大小的影响。部分文献采用标准差来测量人口特征多样性，同时控制团队规模的影响（Boeker，1997b），其效果和采用变异系数进行测量是一样的。个别研究采用了欧拉距离（Boone et al.，2004；Westphal & Zajac，1995）。对于定类和名义性质的人口特征，一般采用 Blau 指数（Blau's index）测量其多样性（Bantel & Jackson，1989；Carpenter & Fredrickson，2001；Ferrier，2001；Haveman，1995；Keck & Tushman，1993；Knight et al.，1999；Simons，Pelled & Smith，1999；Smith et al.，1994；Tihanyi et al.，2000；Westphal & Zajac，1995；West & Schwenk，1996；Zajac & Westphal，1996），部分研究采用 Herfindal-Hirschman 指数（Herfindal-Hirschman index）（Boone et al.，2004；Hambrick，Cho & Chen，1996；Michel & Hambrick，1992）。采用单个人口特征测量高管团队多样性/同质性后，有些研究者把多个人口特征多样化指标加总（Ferrier，2001）或简单平均（Boone et al.，2004），得到综合的人口特征多样性指标。

第二节　组织人口特征研究的两个流派

组织人口特征研究的主要内容是群体内个体人口特征的相似性或差异性对组织产出的影响。对个体简单人口特征进行研究的文献在近二十年已经非常少见，Geletkanycz & Black（2001）对 MBA 学位的研究是个例外，绝大部分的研究围绕群体人口特征展开。学者们采取的研究思路主要有两个，其中的一个由 Pfeffer（1983）提出，被称为成分型人口特征（compositional demography），分析群体人口特征的分布对组织产出的影响。这种方法关注群体在某一个或几个人口特征上的分布，群体成员被看作对等的个体。比如，研究发现，中国上市公司高管团队平均年龄越大，组织绩效越好（魏立群和王智慧，2002），美国公司内群体成员服务年限（tenure 或 length of service）的差异对人员调整没有直接影响（O'Reilly，Caldwell & Barnett，1989）。第二个思路也就是所谓的关系型人口特征（relational demography），由 Tsui 和 O'Reilly（1989）提出。她们对组织人口特征文献进行研究后指出，组织内人口特征的分布非常重要，但是如果研究视角仅限于群体层面，那么就忽略了组织内个体的人口特征可能具有的影响。这一流派把人口特征看作个体与群体或另一个体之间的一种社会关系，主要研究群体内某个个体与其他个体的差异或相似性对组织产出的影响。依据比较对象类型的不同，这类研究又可以分为两类，一类关注群体内一个个体与另一个体的差异，采取的主要方法是配对研究（dyads），比如，Wesolowski & Mossholder（1997）对主管和下属进行了配对研究，发现两者种族上的差异对下属的工作满意度和感知到的程序公平性有显著影响；另一类研究关注某个个体与所在群体内其他所有个体的人口特征差异，比如，O'Reilly 等（1989）发现，在服务年限上与群体内其他成员相差较大的个体比服务年限相近的个体更容易离职。

成分型人口特征和关系型人口特征两种方法关注组织人口特征的不同方面，适合不同的研究情景和目的，所关联的组织产出变量也有所差别。成分型人口特征在文献中主要用两类指标来衡量，一类是群体人口特征的一般水平，如平均年龄（Finkelstein & Hambrick，1990；魏立群和王智慧，2002）和平均受教育水平（Farh et al.，1998）；另一类是群体的人口特征多样性（demographic diversity / heterogeneity）。本书作者对文献的分析表明，绝大多数研究属于第二类。工作群体人口特征多样性和一系列的组织产出相关联，包括职能背景、年龄多样性和群体内任务冲突相关联（Pelled，1996；Pelled，Eisenhardt & Xin，1999），任职年限的差异和人员流动相关联（O'Reilly，Caldwell，& Barnett，1989），年龄差异（相似性）、接受教育的学校的异同和四重奏乐团的成功相关联（Murnighan & Colon，1991），任职年限的差异和人员调整相关联（Pfeffer & O'Reilly Ⅲ，1987）以及年龄、任职的相似性和沟通频率的相关性（Zenger & Lawrence，1989），人种多样性和财务绩效负相关（Sacco & Schmitt，2005），性别、种族差异对组织认同的影响（Chattopadhyay，George，& Lawrence，2004），性别、种族和年龄的差异对人员调整和组织利润的影响（Sacco & Schmitt，2005）等等。

如果要从个体角度去考察人口特征的差异，那么关系型人口特征方法较合适，特别是，"在评价主管和下属或高管间的人口特征差异的影响时，关系型人口特征方法比成分型人口特征方法更加合适"（Farh et al.，1998，p. 472）。这一流派的一个重要组成部分是对垂直成对个体（vertical dyads）人口特征差异的研究，研究者以 Tsui 及其同事为代表。1989 年 Tsui & O'Reilly（1989）发表了一篇富有启发性的论文，开启了这个领域的研究。她们发现，主管和下属之间在六个人口特征变量——年龄、性别、种族、教育、司龄（company tenure）和承担某项工作的时间（job tenure）——上的差异越大，主管感知到的下属工作有效性越低，主管对下属的个人吸引力就越低，下属的角色模糊感越强。但是她们也发现，下属受教育层次越低，任职年限越短，那么主管对他的影响就越大。这一意外发现启发了一系列的后续研究，Linden 等（1996）研究表明，较年长的主管的下属的客观绩效显著优于较年轻的主管的下属，但是两者在主管的主观绩效评分上没有显著差别。他们认为，这是因为较年长的主管能够获得更多的资源来帮助下属取得更好的绩效。Tsui 等（2002）从社会规范的角度来审视人口特征差异，考察了主管和下属人口特征差异的方向性对下属基本任务绩效和角色外绩效的影响。对 335 对主管—下属进行的研究表明，在主管年龄长于下属、受教育水平高于下属、任职时间或服务组织的年限长于下属的情况下，而不是在相反的情况下，主管对下属基本任务绩效和角色外绩效的评分都较高。垂直成对个体人口特征差异也和其他一些组织产出有关，比如，种族差异和感知到的程序公平、工作满意度相关联（Wesolowski & Mossholder，1997），年龄、性别、教育和职业差异与下属对主管的信任相关联

(Farh et al.，1998)。除了垂直成对个体，工作群体也是关系型人口特征研究领域的重要研究对象。特定个体与所在工作群体人口特征的相似性或差异同样会影响该个体的自我分类（self-categorization）或个体间的相互吸引力，从而影响与工作相关的产出变量，比如，个体与所在工作群体的年龄差异直接影响他离开的意愿（O'Reilly，Caldwell & Barnett，1989），性别、年龄和种族的差异影响个体的心理归属感、旷工和离职意愿（Tsui，Egan & O'Reilly III，1992），民族、种族和性别差异对创新和绩效有影响（Chatman，Polzer，Barsade & Neale，1998），人口特征差异对组织公民行为有影响（Chattopadhyay，1999）。

第三节　人口特征影响离职的理论基础

高管团队人口特征作用于高管离职等组织产出变量的理论基础主要有两个，一个是相似—吸引范式（similarity-attraction paradigm），另一个是自我分类理论（self-categorization theory）。它们在对上述关系进行解释时具有互补性。

几乎所有有关组织人口特征的研究的概念基础都符合相似—吸引范式（Byrne，1971）。这一范式认为，态度上的相似性是导致人际吸引的主要因素。由于态度属于个体的心理特征，难以方便准确地进行观察，因而人们在互动过程中往往借助一些显而易见的特征来推断彼此态度、信念和个性上的相似性。这些特征涉及范围非常广泛，可以是个体的生理特征、社会特征或地位（Tsui，Egan & O'Reilly III，1992）。性别、年龄、民族、职能和教育背景等人口特征都易于观察，同时对个体所处的社会类别或工作状况具有一定的表征作用，因而是推断态度相似性的良好指标。如果组织成员间具有较强的相互吸引力，那么他们之间就会形成良好的互动模式，包括更频繁的沟通、更融洽的合作、更少的恶性冲突等，从而对组织产出产生积极影响。

相似—吸引范式发生作用有个前提，即个体之间要产生互动。"尽管人际互动是社会整合的必要条件，但是个体可以不经过社会整合就对某个群体产生偏好。比如，某些员工不需要与其他员工进行密切的互动就会接受组织价值观或对组织产生忠诚感。"（Tsui，Egan & O'Reilly III，1992，p.551）这说明，在个体之间缺乏互动的背景下，相似—吸引范式不足以解释组织人口特征和组织产出的关系。在今天组织规模不断扩大，社会分工日趋细密的情况下，同一组织的成员缺乏互动的情况客观存在。那么，由于相似—吸引范式不适用而产生的理论空白应该由什么理论来弥补呢？自我分类理论提出了社会个体的"自我分类"过程，为我们提供了解决上述困境的思路。

自我分类理论（Turner，Hogg，Oakes，Reicher & Wetherell，1987）是社会分类理论（social categorization theory）的一个分支，它通过社会分类和社会认同（social identification）过程来解释组织人口特征对组织产出的影响。一般认为，社会个体倾向于保持较高的自尊和降低不确定性（Hogg & Terry，2000）。为了把握自己对他人的看法以及他人对自己的看法，社会个体借助社会地位、宗教信仰、性别、年龄、教育背景等特征来对自己进行定位，即所谓的自我分类。对于那些和自己具有相似特征的人，社会个体把他们归为内群体（in group），否则归为外群体（out group）。这些分类帮助社会个体确定自己的社会身份（Ashforth & Mael，1989）。社会个体倾向于喜欢和信任内群体中的人，而非外群体中的人（Turner et al.，1987），即社会个体对内群体具有较强的认同感。在一个群体（工作群体、成对个体、高管团队等）中，成员会对与自己相似的其他成员表现出更积极的态度，而且，分类过程可能使群体内产生小群体（sub-group），进而引发一系列问题。因此，群体同质性越高，成员的承诺感越高（Tsui，Egan & O'Reilly Ⅲ，1992），群体的凝聚力越强（O'Reilly，Caldwell & Barnett，1989）、情感冲突越少（Pelled，Eisenhardt & Xin，1999），最终使同质群体的绩效优于多样化群体（Sacco & Schmitt，2005）。

第四节　人口特征影响离职的经验检验文献

表 2-1 给出了 1983 年以来研究组织人口特征对人员离职的影响的重要文献概况。很显然，学术界已经广泛而深入地探讨了高管团队人口特征和高管离职的关系。有关这一关系的基本结论是，特定高管与其他高管的人口特征差异越大，他就越可能离职（Boone et al.，2004；Wagner，Pfeffer & O'Reilly，1984）。此外，高管团队人口特征多样性对高管离职的作用还受到一些调节变量的影响。权力是其中最受关注的一个，无论是首席执行官还是董事会，他们的相对权力越大，选择的高管越和自身相似（Westphal & Zajac，1995；Zajac & Westphal，1996）；高管团队的权力越大，其同质性越强（Boone et al.，

2004）。其次是企业绩效，董事会权力相对较大以及企业绩效差的情况下，新任首席执行官在人口特征上与其前任差别较大，与董事会成员的特征较为相似（Zajac & Westphal，1996）；组织绩效恶化容易导致高管离职（Boeker，1992），同时也更容易使前任和继任首席执行官在人口特征上具有较大差别（Zajac & Westphal，1996）。还有一些调节变量，如外部环境的稳定性（Keck & Tushman，1993；Zajac & Westphal，1996）和高管的来源（Zajac & West-phal，1996），也会影响人口特征—离职关系。

表 2-1 有关组织人口特征对员工离职影响的经验检验文献

研究	来源	样本	目标群体	群体的平均规模	群体的规模范围	因变量	独立变量	控制变量	研究发现	国别
Sacco & Schmitt (2005)	JAP	3454 家快餐店	快餐店员工	未报告	未报告	离职率	人种多样性的布劳指数;性别组成;快餐店员工平均年龄	餐馆可支配利润;所在社区人口特征和平均收入	性别组成、人种多样性和离职率负相关;性别组成、人种多样性和年龄对离职率的影响在员工加入组织初期较为显著。	美国
Boone, Olffen, Witteloostuijn & Brabander (2004)	AMJ	荷兰的 5 家主要报纸	高管团队	4.31	S.D.=1.40	离职、雇用	人口特征差异其中年龄差异用欧拉距离测量、行业职业路径、教育背景经验和教育背景差异用布劳指数测量;高管团队权力;公司业绩;组织多元化程度;企业层面的竞争强度	企业规模;CEO 兼任董事长情况	与其他高管的人口特征差异越大,高管越可能离职;绩效导致高管离职;绩效和多元化企业倾向于雇佣和现任相似的高管。	荷兰
Godthelp & Glunk (2003)	EMJ	50 家最大的荷兰公司 (1996)	高管团队	5.72	S.D.=2.98	离职(不区分是否自愿)	用变异系数测量的高管团队的年龄、任职时间和司龄差异;用欧拉距离测量的高管与其他高管的年龄、任职时间和司龄等方面的差异	高管年龄;高管团队平均任职时间;高管团队平均年龄;团队规模;公司规模;控制了行业因素的公司绩效	高管和其他高管的年龄差异越大,他就越可能离职;高管和其他高管的任职时间差异越大,他越可能离职;没有发现其他高管的司龄差异对其离职有显著影响;高管团队内年龄差异和司龄差异正相关;高管离职时间和司龄差异与高管离职时间正相关;未发现现任高管与高管离职差异显著相关。	荷兰

续表

研究	来源	样本	目标群体	群体的平均规模	群体的规模范围	因变量	独立变量	控制变量	研究发现	国别
Taber & Hendricks (2003)	HRDQ	一家国际企业	美国员工	未报告	未报告	雇用	性别比例；种族比例	工作类别；性别；种族	被雇佣时同一工作单元内同性别的员工比工通过正常渠道，而非推荐而被雇用种族比例也具有相似的影响；在控制性别比例的情况下，相对于男性，女性采用推荐而非正常渠道而被雇用的可能性降低了；在控制种族比例的情况下，少数民族比白人更可能通过推荐而非正常渠道而被雇用。	美国
Elvira & Cohen (2001)	AMJ	一家财富500强企业的10个业务单元	员工	未报告	未报告	离职	业务单元内同一层级女性和男性的比例；业务单元内上一层级女性和男性的比例；业务单元内高管层女性的比例	员工所在业务单元和男性的比例；工作相关因素（绩效评估，职业和工作层级）；奖励措施（提升和薪水增长）；个人特征（年龄和人种）	同一层级中女性比例越高，其离职率越低，但是男性比例没有类似影响；上一层级女性离职可能性越高，这种效果在男性中不存在；上一层级女性比例越高，女性离职可能性越高，这种效果在层级较低的女性中高于较高于中高层女性；管层中女性比例越高，业务单元内女性离职可能性越高，对于男性则相反；当基层女性比例提高时，高层女性比中层高层员工更可能离职。	美国

续表

研究	来源	样本	目标群体	群体的平均规模	群体的规模范围	因变量	独立变量	控制变量	研究发现	国别
Alexander et al. (1995)	HR	398家医院	护士	98.58（全职护士）	S.D.=106.15（全职护士）	自愿离职	护士所受培训和雇用状态的多样化系数	护士规模；护士的相对起薪；医院收诊病例的复杂严重或复杂程度；医院所有权性质；当地护士供求比；当地失业率	教育背景多样化，任职时间和离职可能性相关，多样性和离职可能性负相关。人口特征（护士所受培训、不同类型的任职时间和雇用状态）性相互作用，影响离职。	美国
Wiersema & Bird (1993)	AMJ	东京证券交易所的40家企业	高管团队	5.6	未报告	离职	年龄、司龄（当前组织任职时间）、担任高管时间和担任大学声誉的变异系数	年龄；组织绩效	年龄、担任高管时间和离职正相关；声誉的差异性与离职正相关。	日本
Wiersema & Bantel (1993)	SMJ	85家财富500强企业（1980年）	高管团队	4.5	S.D.=1.8	离职；企业绩效；战略变革	平均任职时间的变异系数、专业背景的布劳指数；环境宽松程度，稳定程度和复杂程度	平均年龄；平均司龄；高管平均任职时间	高管平均任职时间和离职负相关；未发现高管任职时间差异性对离职有显著影响，受教育差异具有显著影响。	美国
O'Reilly, Snyder & Boothe (1993) #	BS	24家电子企业	高管团队	6.25	3~11	离职；团队动力学；企业适应性；团队变革的内部质性	司龄和担任高管时间的欧拉距离	/	任职时间多样性和离职正相关。	美国

续表

研究	来源	样本	目标群体	群体的平均规模	群体的规模范围	因变量	独立变量	控制变量	研究发现	国别
Boeker (1992)	ASQ	67家半导体生产商	高管团队	4.12	S.D.=1.73	离职（首席执行官或其它高管）	继任来源；绩效；董事会组成	企业规模；企业所有权性质；高管团队规模	外聘首席执行官情况下，高管离职可能性高；内部晋升首席执行官情况下，董事会中高管比例越高，高管离职可能性越低。	美国
Bantel & Wiersema (1992) #	WP	84家大型制造企业	高管团队	4.6	未报告	离职	服务时间的变异系数	/	未发现服务时间同多样性和离职显著相关。	美国
Jackson, Brett, Sessa, Cooper, Julin & Peyronnin (1991) #	JAP	93家银行控股公司，1985~1988	高管团队	7.4	S.D.=3.60	离职	服务时间变异系数	/	未发现服务时间同多样性和离职显著相关。	
O'Reilly, Caldwell & Barnett (1989)	ASQ	美国西部一家大型连锁便利店的20个工作群体	现场代表工作群体	4.11	3~6	离职	年龄和服务时间的变异系数；个体年龄、服务时间与其他个体间的欧拉距离	群体规模；个人年龄、教育和工作群体平均服务时间	群体的年龄变异系数越大；离职率越高，与其他个体的欧拉距离低；服务时间越短，个体离职率越高；变异系数和欧拉距离对离职率没有显著影响。	美国
Pfeffer & O'Reilly (1987)	IR	492家医院	护士			离职率	服务时间的基尼系数	医院所在地区的失业率；医院类型（公立或私立）；医院的相对工资水平；护士的集体谈判能力	服务时间的差异性和离职率正相关。	美国

续表

研究	来源	样本	目标群体	群体的平均规模	群体的规模范围	因变量	独立变量	控制变量	研究发现	国别
Wagner, Pfeffer & O'Reilly (1984)	ASQ	31家财富500强企业（1976年）	高管团队	19.3	5~41	离职	企业绩效；年龄和入职时间的变异系数	高管团队规模；企业年龄	入职时间差异和高管离职比率正相关；年龄差异负相关；企业绩效和高管离职比率负相关；高管离职比率和年龄负相关；年龄离职可能性负相关。	美国
McCain, O'Reilly & Pfeffer (1983)	AMJ	1所大型州立大学的32个系	教师	29.34	S. D. =14.27	离职	入职时间差异在5到8年的教师个数；分别在两个不同时间段入职的教师的比例	系的规模；资源冗余程度；科学发展水平	服务时间差异性和离职正相关。	美国

说明：（1）AMJ = Academy of Management Journal; ASQ = Administrative Science Quarterly; BS = Book Section; EMJ = European Management Journal; HR = Human Relations; HRDQ = Human Resource Development Quarterly; IR = Industrial Relations; JAP = Journal of Applied Psychology; SMJ = Strategic Management Journal; WP = Working Paper.

（2）# 转引自 Carroll, G. R. & Harrison, J. R. 1998. Organizational demography and culture: Insight from a formal model and simulation. Administrative Science Quarterly, 43 (3): 637~667.

第五节　人口特征影响离职研究的局限

尽管相关的研究已经不少，但是这些研究并没有得到一致的结论，其中一些文献的观点甚至相互矛盾。具体说来，既有文献的局限体现在以下几个方面：

首先，研究样本的来源以美国为主，以东方国家的组织为研究对象的文献只有一项（Wiersema & Bird，1993）。特别是，这项以日本企业为样本的研究不但在结论上有别于以西方企业为样本的同类研究，而且引入了一个新的人口特征，即大学声誉，从而拓展了组织人口特征理论的研究领域。

其次，即使是那些同在西方背景下进行的研究，得到的结论也存在差异甚至矛盾，比如，Wagner，Pfeffer & O'Reilly（1984）和 O'Reilly，Caldwell & Barnett（1989）对年龄差异和离职的研究得到了相互冲突的结论。这说明在相关研究中考虑情景因素的必要性和重要性。

最后，表2-1中所列的研究都把目标群体的成员看作对等的个体。正如上文所阐述的，高管团队人口特征可以从两个不同但是互补的视角进行考察：一是整体视角，即所谓的成分型人口特征，就是把高管团队看作一个整体，认为其成员具有共同的目标和价值观，高管团队人口特征以整体的形式影响组织产出；二是解构视角，即所谓的关系型人口特征，也就是将考察层次细化到高管团队内部，把各高管看作独立的个体，研究他们的共性或个性及其对高管团队动力学的影响，即有关高管团队人口特征同质性（homogeneity）或差异性（heterogeneity）的研究。尽管第二类研究把研究对象细化到个体，但是绝大多数相关研究仍然忽略了个体的独特性。事实上，在一个高管团队内，各高管因所处职位、分管事务、与董事会的联系不同而在地位、权力等方面存在差异，因而在组织事务中具有不同的重要程度。不难理解，总经理和副总经理的人口特征对组织产出的影响是不同的；总经理和副总经理之间的人口特征差异与两个副总经理之间的人口特征差异即便程度相同，对组织产出的影响也很可能存在差异。因此，无论是从整体视角还是解构视角展开研究，都应当考虑到不同高管对组织产出具有的不同影响。绝大多数的现有文献恰恰忽略了这一点，把高管团队的成员看作对等的个体。这种做法至少在两个方面不利于高管团队动力学的研究，特别是高管团队人口特征差异性的相关研究：其一，忽略了高管地位的非对称性，比如，即使两个高管团队具有相同的平均年龄，也可能由于首席执行官年龄的巨大差异而表现出截然不同的行为特征；其二，忽略了人口特征差异的方向性，比如，同样是年龄差别，总经理比副总经理年长可能使前者愿意辅导后者，而后者也愿意接受辅导，相反，副总经理比首席执行官年长可能导致双方在相处时都感到不愉快。由此可见，是否将不同高管等同视之可能导致研究结果不同。这是本书要探讨的问题之一。

第三章

高管团队人口特征影响高管离职的理论模型

阐述高管团队人口特征对高管离职影响的理论模型可以追溯到 Hambrick & Mason（1984）的研究。他们提出的模型和相关的理论开启了一个新的研究领域，启发了一大批的实证研究。2004 年，Carpenter, Geletkanycz & Sanders（2004）综合过去二十年的相关研究，提出了新的整合模型。这些研究主要立足于美国的管理实践，有助于了解美国高管团队的人口特征及其作用于离职等组织产出的组织过程。然而，相关研究结果是否可推广到其他国家正受到越来越多的质疑（Boone et al.，2004；Godthelp & Glunk，2003；Wiersema & Bird，1993）。鉴于这一原因，这一部分在介绍 Hambrick & Mason（1984）和 Carpenter, Geletkanycz & Sanders（2004）两个模型的基础上，结合中国的实际情况提出中国背景下高管团队人口特征影响高管离职的理论模型，进而提出相关的研究假设。

第一节　高管团队人口特征影响高管离职的传统模型

一、Hambrick & Mason（1984）模型

Hambrick & Mason（1984）提出的模型如图 3-1 所示。这一模型的中心意思是，高管的认知、价值观和感知影响企业的战略决策过程，并最终作用于组织绩效。但是，由于高管的认知、价值观和感知难以测量，因而 Hambrick 和 Mason 主张采用管理者的人口特征作为他们的心理建构（psychological constructs）的代理变量。诸如年龄、任职时间、职能背景、教育、社会经济基础、财务状况等可观察的特征在一定程度上反映了高管的价值观和认知基础，影响着他们对企业内部和外部环境的感知和理解，进而左右着高管的战略决策。

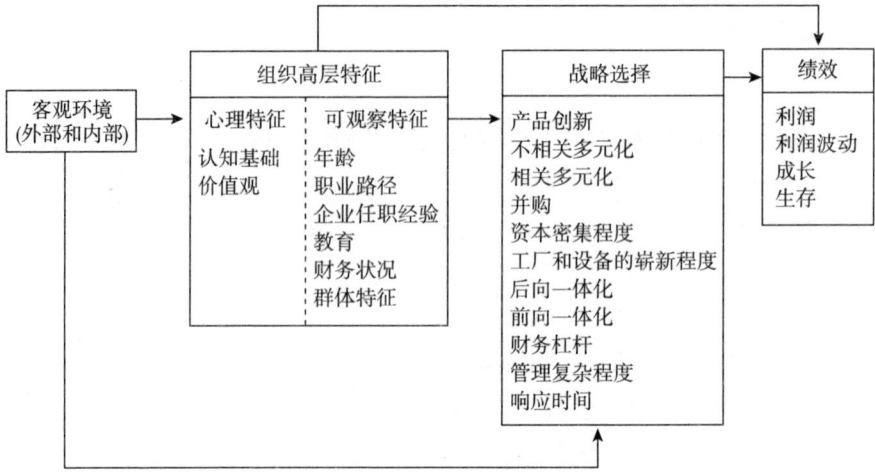

图 3 – 1 Hambrick & Mason（1984）模型

说明：译自 Hambrick, D. C., Mason, P. A. 1984. Upper Echelons：The Organization As a Reflection of Its Top Managers. *Academy of Management Review*, 9（2）：193~206.

以 Hambrick & Mason（1984）模型为基础，一大批学者开展了实证分析，丰富和完善了高管团队人口特征研究。高管团队人口特征和组织战略的关系是 Hambrick & Mason（1984）模型论述的重要关系。研究表明，高管团队人口特征对一系列的组织战略具有影响。多元化战略是其中受到较多关注的企业战略行为之一。Michel & Hambrick（1992）研究了企业多元化状态（diversification posture）和高管团队组成的关系。他们发现，高管团队任职时间和业务依存度（business interdependence）正相关；任职时间相似性和业务依存度负相关；拥有核心职能背景的高管比例和业务依存度正相关。Jensen & Zajac（2004）的研究结合了组织高层梯队理论和代理理论的观点，认为由于公司精英所处治理位置的不同，他们的特征对组织战略可能具有不同的影响。研究发现，具有财务背景的首席执行官更倾向于进行多元化，包括相关多元化和不相关多元化；但是具有财务背景的执行董事和多元化之间的关系不显著。Tihanyi 等（2000）研究了高管团队的多个特征对国际多元化的影响。研究表明，较低的平均年龄、较高的平均服务时间、较高的平均精英教育水平、较高的团队服务时间多样化对国际多元化具有正向作用。

高管团队人口特征和国际化的关系是另一个研究热点，其研究重点是高管的国际化经验和高管团队的多样性。除了上文提到的 Tihanyi 等（2000）对国际多元化所作的研究外，Athanassiou & Nigh（1999）研究了高管团队国际业务咨询网络密度和企业国际化程度与国际化行动的相互依赖性，发现两者是正相关的。Carpenter & Fredrickson（2001）发现，高管团队的国际工作经验、教育背景多样化和团队服务时间多样化都和企业国际化程度正相关，而职能背景多样化和企业国际化程度负相关。同时，高管团队背景多样化与国际化战略的非线性关系没有得到证实，这和 Wiersema & Bantel（1992）的观点是一致的。Carpenter 等（2003）整合了代理理论和行为理论，研究高技术企业在股票首次公开发行（IPO）后，风险资本家、高管团队和董事会的国际化经验和企业国际化的关系。他们发现，在高管团队和董事都有国际化经验的情况下，高管团队的国际化经验和企业国际化的关系得到了加强。

高管团队人口特征还影响其他诸多企业战略，包括主动的和被动的竞争行为（Hambrick，Cho & Chen，1996）、股票首次公开发行（Cohen & Dean，2005）、投资、财务和组织实践决策（Bertrand & Schoar，2003）、新市场的进入（Boeker，1992）、战略联盟的形成（Eisenhardt & Schoonhoven，1996）以及进攻性行为（Ferrier，2001）。

高管团队人口特征除了影响特定战略外，还影响创新和变革。自上个世纪80 年代末 Bantel & Jackson（1989）首次发现高管团队职能背景多样化、教育水平对技术创新和管理创新都有促进作用以来，学者们对高管团队人口特征和创新与变革关系的研究热情一直持续至今。创新和变革首先涉及对企业原有战略的调整或否定。Knight 等（1999）对美国和爱尔兰 76 家高科技企业的研究表明，高管团队人口特征多样化总体上和战略认同负相关；Geletkanycz & Black（2001）对 20 个国家 1385 名高管的研究表明，具有诸如财务、市场营销、法律和一般管理等传统职业路径的高管对战略现状的忠诚度较高；Wiersema & Bantel（1992）发现，较低的平均年龄、较短的组织服务时间、较高的团队合作时间、较高的受教育专业多样化程度以及较高的理科教育水平促进组织变革，这和 Boeker（1997a）的结论基本一致，但是两者在高管团队合作时间与组织战略变革关系上得到了相反的研究结果。创新和变革其次涉及变革的方向。Geletkanycz & Hambrick（1997）发现，高管与产业外的联系（雇佣产业外企业的高管、担任行业外企业的董事职务、本企业的外部董事、与专业协会的联系）引导企业采取不同于行业常规的战略；Finkelstein & Hambrick

（1990）研究表明，任职时间较长的高管团队更倾向于采取稳定的战略。创新和变革涉及的第三个问题是其结果。把高管团队人口特征、变革和企业绩效三者结合起来研究的文献为数较少，Finkelstein & Hambrick（1990）发现，高管团队采取稳定战略的情况下，企业绩效更加接近行业平均水平；Boeker（1997a）发现企业绩效和战略变革负相关。

　　高管团队人口特征不但影响组织战略，还作用于组织绩效。相关研究涉及的绩效概念包括资产回报率（Carpenter, Sanders & Gregersen, 2001；Geletkanycz & Hambrick, 1997；Keck, 1997；Krishnan, Miller & Judge, 1997；Michel & Hambrick, 1992）、组织绩效量表（Collins & Clark, 2003）、包含多个财务指标的综合绩效指标（Finkelstein & Hambrick, 1990）、股票回报（Carpenter, Sanders & Gregersen, 2001）、利润和销售额的变化（Simons, Pelled & Smith, 1999），销售增长和股票回报（Collins & Clark, 2003）等等。还有一些研究者根据研究背景的特殊性采用较为特别的绩效指标，比如，Cohen & Dean（2005）分析高管团队合法性在首次公开发行中的信号作用，采用的绩效指标是股票折价。对企业绩效不同维度的关注使我们能够更好地理解高管团队人口特征和组织绩效的关系，但是同时也使两者之间的关系显得含混不清。高管团队人口特征在一些研究中对组织绩效具有积极影响，而在另外一些研究中则具有负面影响或者干脆不具有显著影响。

二、Carpenter, Geletkanycz & Sanders（2004）模型

　　Hambrick & Mason（1984）模型关注高管团队人口特征和组织战略与绩效的关系。高管团队人口特征是微观层面的变量，组织战略和绩效是宏观层面的变量，Peng & Luo（2000）把两者之间的关系称为微观—宏观联系。Hambrick & Mason（1984）模型忽略了微观层面的产出变量。为了弥补这一缺陷，在Hambrick & Mason（1984）模型提出二十年之后，Carpenter, Geletkanycz & Sanders（2004）整合已有文献，构建了一个新的模型（参看图3-2）。

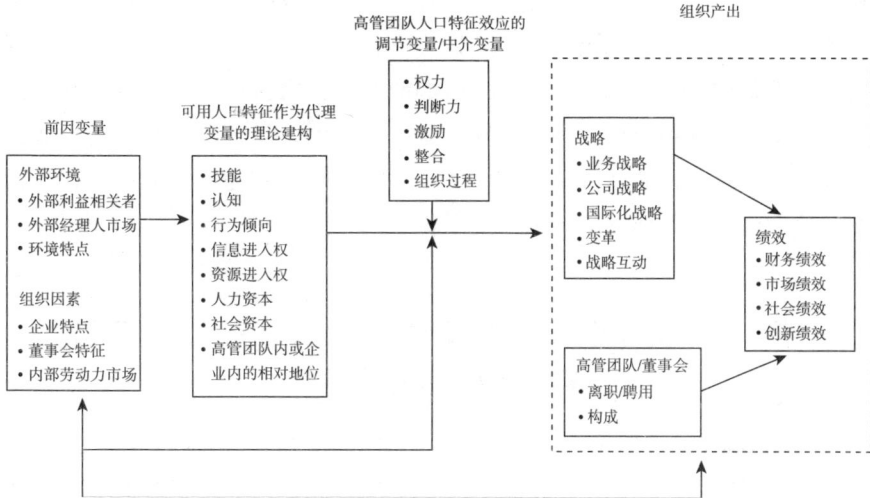

图 3 - 2　Carpenter，Geletkanycz & Sanders（2004）模型

　　说明：译自 Carpenter，M. A.，Geletkanycz，M. A.，and Sanders，W. G. 2004. Upper Echelons Research Revisited：Antecedents，Elements，and Consequences of Top Management Team Composition. *Journal of Management*，30（6）：749～778.

　　除了战略和绩效等组织层面的产出变量外，Carpenter，Geletkanycz & Sanders（2004）关注的微观层面的产出变量主要是高管的变更（包括离职和聘用）和高管团队/董事会的构成。相关研究结果基本上证实了相似—吸引范式，即特定高管与其他高管差异越大，越可能离职（Boone et al.，2004；Wagner，Pfeffer & O'Reilly，1984）；首席执行官和董事都倾向于选择和自己相似的人继任首席执行官（Zajac & Westphal，1996），高管团队在挑选新成员时也是如此（Boone et al.，2004）；而从企业外部聘用的首席执行官比内部提升的首席执行官更加可能解聘高管（Boeker，1992），但是随着他任职时间的延长，高管团队会趋于稳定（Keck & Tushman，1993）。当然，尽管高管或董事会都有选择和自己相似的管理者的意愿，但是这种想法能否付诸实施受到他们的执行能力的影响。首席执行官相对于董事会的权力越大，越可能选择与己类似的接班人（Westphal & Zajac，1995；Zajac & Westphal，1996）；高管团队的权力越大，其同质性越强（Boone et al.，2004）。相反，董事会权力大和企业绩效差的情况下，新任首席执行官在人口特征上与其前任的差别较大，与董事会成员的特征较为相似（Zajac & Westphal，1996）。另外，其他一些因素也会影响高管变更和高管团队的组成，比如，组织绩效恶化容易导致高管离职（Boeker, 1992），同时也更容易使离任和继任首席执行官在人口特征上出现较大差别（Zajac & Westphal, 1996）；内部提升的首席执行官更加可能与其前任相似（Zajac & Westphal, 1996）；外部竞争越激烈，高管团队越倾向于雇佣相似的高管（Boone et al., 2004），相反，如果外部环境趋于稳定，那么高管离职率会有所降低（Keck & Tushman, 1993）。

第二节　跨文化因素对高管团队人口特征影响高管离职传统模型的挑战

在 Hambrick & Mason（1984）模型和 Carpenter, Geletkanycz & Sanders（2004）模型中，高管团队人口特征之所以影响组织产出，原因在于人口特征反映了高管的价值观和认知基础，因而高管团队人口特征影响团队动力学。如果两个高管具有相似的人口特征，那么他们更可能具有类似的背景和经历，因而也就比较容易形成良好的互动模式，比如更频繁的沟通、更融洽的合作、更少的恶性冲突等。即使他们接触较少，相似的个人特征也会促使他们相互认同，提高对团队的承诺感，增强群体凝聚力以及减少情感冲突。上述组织过程可以用相似—吸引范式或自我分类理论加以解释。在组织人口特征研究领域，这两个理论的解释能力已经得到了一系列实证研究的确认，比如，Jackson 等（1991）所做的实证研究表明，群体的人口特征组成是组织内人际吸引力的重要决定因素，Chattopadhyay 等（2004）则证实了人口特征是个体进行自我分类的重要依据。

那么，Hambrick & Mason（1984）模型和 Carpenter, Geletkanycz & Sanders（2004）模型是否在全世界范围内具有普遍适用性呢？相当多的专家和学者认为，在一种社会文化背景中发展起来的理论不能原封不动地应用于另一种社会文化背景，而必须考虑情境因素加以调整和发展。上述两个模型主要基于美国的社会文化背景提出，要把它们应用于美国之外的文化背景，必须审慎对待它们的适用性。

事实上，迄今为止，发表于国际重要管理学期刊的探讨高管团队人口特征影响高管离职的文献中，以美国之外国家的企业或高管作为样本的研究非常少见，笔者仅检索到三项，即 Wiersema & Bird（1993）对日本企业及其高管的研究以及 Godthelp & Glunk（2003）和 Boone 等（2004）对荷兰企业的研究。这些研究无一例外地提醒我们，高管团队人口特征及其作用于组织产出的机制存在国别差异。首先，无论是日本还是荷兰，高管团队人口特征都与美国企业存在差异。比如，日本企业高管团队年龄、司龄和任职的多样性程度都低于美国（Wiersema & Bird，1993），荷兰企业高管团队具有较短的平均任职时间、较低的任职时间多样性以及较高的年龄和司龄多样性（Godthelp & Glunk，2003）。其次，高管团队人口特征作用于高管离职等组织产出的动力学机制受到社会文化的影响。比如，日本的岛国性质和单一民族特征决定了企业高管团队的人种差异性较低，但是日本高管对团队人口特征差异更加敏感（Wiersema & Bird，1993）。最后，社会文化之外的其他一些国别因素也会影响高管团队人口特征作用于组织产出的动力学机制。比如，从 20 世纪 60 年代到 80 年代，荷兰社会经历了"无极化"过程，各种社会利益群体逐步融合，这必然会影响企业中高管团队的人口特征以及高管对差异的认知和理解（Boone et al.，2004）。

第三节　中国背景下高管团队人口特征影响高管离职模型的构建

本节在构建中国背景下高管团队人口特征影响高管离职的模型时，从社会文化价值观和经济转型两个方面去分析中国背景的独特性。之所以选择这两个角度，主要是出于如下几点考虑：首先，在国际管理研究中，文化和经济变量是最常用的表征国家特征的变量（徐淑英和张志学，2005），它们在很多情况下能够预测组织行为的不同之处；其次，人口特征作用于组织产出的动力学机制受到文化的影响，这一点已经得到初步证实（Wiersema & Bird，1993）。比如，日本的岛国性质和单一民族特征决定了企业高管团队的人种差异性较低，但是日本高管对团队人口特征差异更加敏感（Wiersema & Bird，1993）；再比如，儒家文化崇尚"尊老爱幼"，上司年长于下属是符合社会规范的，而在西方，上司和下属的年龄差异则可能导致负面作用，不管这种差异的方向如何。最后，人口特征作用于组织产出的动力学机制可能受到制度因素的制约。高管团队人口特征要影响高管离职和组织绩效等变量必须满足一个条件，即企业必须是自主经营、自负盈亏的经济实体，在人、财、物等诸方面拥有相应的权力，特别是，高管必须具有自主权，能够根据自己的真实意愿参与互动，进而影响组织行为。过去二十多年是中国企业逐步市场化的一个过程，经济转型对企业高管团队的影响至少表现在两方面：一是高管团队人口特征受市场的影响越来越大，相应地，受行政干预越来越少；二是不同所有制企业的高管团队具有不同的"自由度"。

中国背景下高管团队人口特征影响高管离职的理论模型见图3-3。我们认为，中国经济转型和社会文化价值观对高管团队人口特征有影响；集体主义、关系、面子和资历等传统社会文化价值观以及新儒家主义影响整合、冲突等组织过程。经济转型和社会文化价值观最终通过影响高管对差异的感知和理解作用于团队动力学，对高管团队人口特征和组织产出的关系产生影响。下文详细论述中国经济转型和社会文化价值观对中国企业高管和高管团队人口特征及其对高管离职等组织产出的影响。

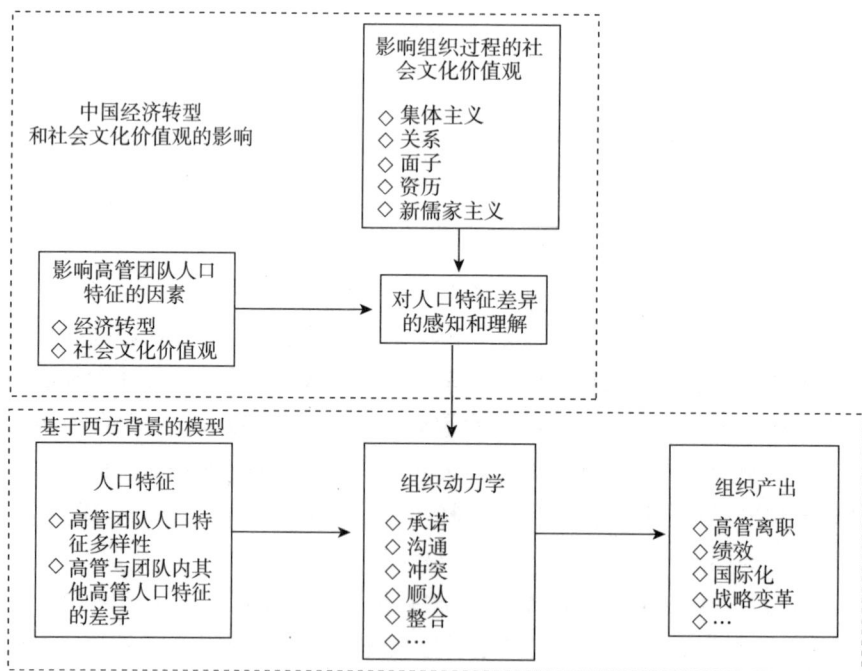

图3-3 中国背景下高管团队人口特征影响高管离职模型

一、中国经济转型对企业高管团队人口特征的影响

高管团队人口特征研究者在分析美国、日本等国家企业的高管团队时遵循

一个潜在的假设，即这些国家高管团队的人口特征组成总体上保持相对稳定，在考察期内不会发生显著的变化。我国的情况则有所不同，过去二十多年，特别是上个世纪 90 年代以来，随着社会、经济的急剧转型，我国企业高管团队的人口特征表现出逐步多样化的特征。

（一）中国企业高管团队人口特征同质性的决定因素

我们认为，直到 20 世纪 90 年代中期，我国企业高管团队的人口特征仍然具有较高的同质性。其原因在于高管候选人群体的同质性，"工作群体成员总是从有限的候选人中选出，组织成员的多样性以及外部候选人群体差异性决定了工作群体的多样化程度"（Wiersema & Bird，1993，p. 998）。总体来看，我国人口具有较高的多样性，不但包含 56 个民族，而且幅员辽阔，地理上也不存在严重的分割；但是长久以来，我国人口流动性极低。造成这种状况的一个重要原因是户籍制度。户籍制度不但分割了农村和城市，而且阻碍了不同地区间人口的流动。比如，尽管我国拥有 56 个民族，但是少数民族人口总数仅占不到 10%[①]，而且少数民族一般聚居于边远地区，远离大城市和经济发达地区。

造成高管候选人群体同质性的另一个原因是国有企业所实施的终身雇佣制度。一直到 1992 年实行人事制度改革前，个体基本上是通过中央计划体系进行分配的。在"铁饭碗"、"铁工资"和"铁交椅"制度下，工人在企业间的流动几乎是不可能的（Warner，2003），更不用说职业选择了（Wong & Slater，2002）。内部提升成为选择高层管理者的主要途径，这大大降低了选择高管的空间。

除了选择面窄之外，选择标准的僵化也使高管特征雷同。首先是选择标准整齐划一，政治和意识形态方面的素质，而非与业务有关的技能和能力，是选择管理者的首要因素（Zhang & Parker，2002）。其次，"尊重资历"导致了管理者职业发展的刚性，年龄、工龄和教育水平等决定了管理者的职业发展（Chen，Wakabayashi & Takeuchi，2004）。最后，合格的高层管理者候选人多数学的是理工科专业，在我国实施改革开放政策前，接受技术训练受到鼓励，因为这有助于实施"关门政策"，降低中国对外国的依赖程度（Wong & Slat-

---

① 2005 年全国 1% 人口抽样调查数据显示，汉族人口占 90.56%。资料来源于国家统计局网站：http：//www. stats. gov. cn。

er，2002）。

(二) 中国企业高管团队人口特征多样化的推动因素

我国企业高管团队人口特征的多样化可以追溯到始于 1979 年的经济改革，其目的是为了克服计划经济带来的种种弊端。在接下来的 1980 年代，经济改革的一个主要特征是承包责任制，推动者希望在保留国有制的前提下提高生产率。承包责任制是一种短期性的合约，它并没有能够发挥预期的作用（Zhang & Parker，2002），国有企业的低效率问题仍然普遍存在。这促使我国在 1990 年代出台了一系列深化经济体制改革的举措，包括 1990 年分别在上海和深圳两地设立证券交易所，推动企业上市，以及 1992 年启动人事制度改革，尝试打破"铁饭碗"、"铁工资"和"铁交椅"等等。这些措施的目标是建立现代企业制度，通过将国有企业公司化，明晰企业产权，使其真正成为自主经营、自负盈亏的经济实体，从而把无效率的国有企业转变成高效率的公司制企业。

在现代企业制度下，一些国有企业逐步公司化，资本结构变得更加清晰，公司治理也更加规范，这些都有助于减弱政治力量对公司决策的影响。结果是，管理层具有了更大的自主权来根据市场信号进行企业决策。但是，尽管一些国有企业已经上市，它们的大多数股权通常仍然被国家控制，直到 2005 年进行股权分置改革，政府才逐步降低持股比例；另外一些没有公司化的国有企业仍然受到政府或其代理机构的直接控制。那些被挑选出来进行现代企业制度试验的国有企业可能对经济具有更大的影响，政府对它们的控制力度事实上不低于那些没有公司化的国有企业（Zhang & Parker，2002）。这导致管理者挑选和变更模式的改革相对滞后。对国有企业、集体企业和合资企业的一些管理者的访谈表明，到 1990 年代中期，政府对这些企业的管理层仍然具有强大的影响力（Pan & Parker，1997）。

尽管企业管理层选择和离职的市场化进程相对缓慢，但是"可以预料，指派管理者的模式——无论是对高层管理者还是中层管理者——都会发生转变。当市场化改革站住脚时，来自政府的代理机构的行政干预将会减弱"（Zhang & Parker，2002，p. 98）。Zhang & Parker（2002）对我国电子行业的研究表明，1994 年，没有国有企业能够完全不经政府机关核准而指派高层管理者，29.4% 的国有企业 80% 以上的高层管理者由上级指派。到 1999 年，各种所有制的企业指派管理者的自由度都得到了提高。50% 以上的合资企业、集体企业和有限责任公司能够自主聘任高层管理者，但是只有少数未改制的国有企业能够在这方面具有完全的自主权。事实上，在1994～1999年期间，公司化的和没有公司化的国有企业在聘用高级管理者的自主权方面都有所提高，但是几乎没有什么差别。

现代企业制度的建立减弱了外部政治力量对企业运作的干预，打开了企业自主制定人力资源政策并付诸实施的大门。企业高管团队人口特征多样化得益于几个方面的因素，首先是高管的来源和选择方式逐步市场化。表3-1和表3-2分别列出了1994～2003年期间中国上市公司董事长和总经理选择方式和来源的基本情况，不难发现，从90年代中后期开始，特别是2000年以后，从外部聘用董事长和/或总经理，以及聘用职业经理人担任董事长和/或总经理已经成为相当比例上市公司的做法，这种情况在总经理聘用中尤为明显。

表3-1　1994～2003年中国上市公司董事长选择方式和来源

年份	案例数	选择方式				来源			
		内部提升	比例（％）	外部聘用	比例（％）	控股股东指派	比例（％）	职业经理人	比例（％）
1994	11	4	36.36	7	63.64	5	45.45	2	18.18
1995	44	27	61.36	17	38.64	10	22.73	10	22.73
1996	64	42	65.63	22	34.38	24	37.50	25	39.06
1997	108	50	46.30	58	53.70	56	51.85	23	21.30
1998	174	62	35.63	112	64.37	116	66.67	41	23.56
1999	239	110	46.03	129	53.97	163	68.20	60	25.10
2000	241	119	49.38	122	50.62	167	69.29	56	23.24
2001	275	133	48.36	142	51.64	137	49.85	86	31.27
2002	259	114	44.02	144	55.60	121	46.72	114	44.02
2003	260	110	42.31	148	56.92	148	56.92	105	40.38

说明：（1）某些年份"内部提升"和"外部聘用"栏之和小于"案例数"，或者"控股股东指派"和"职业经理人"栏之和小于"案例数"，不足数额为情况不详的案例数。

（2）数据来源：中国证券市场与会计研究数据库（CSMAR）。

表 3 - 2　1994～2003 年中国上市公司总经理选择方式和来源

年份	案例数	选择方式				来源			
		内部提升	比例（%）	外部聘用	比例（%）	控股股东指派	比例（%）	职业经理人	比例（%）
1994	10	3	30.00	7	70.00	2	20.00	5	50.00
1995	47	34	72.34	13	27.66	6	12.77	21	44.68
1996	81	52	64.20	29	35.80	15	18.52	48	59.26
1997	136	70	51.47	66	48.53	42	30.88	56	41.18
1998	210	110	52.38	100	47.62	96	45.71	92	43.81
1999	273	173	63.40	100	36.63	106	38383	144	52.75
2000	333	203	60.96	130	39.04	141	42.34	176	52.85
2001	314	159	50.64	155	49.36	36	11.46	214	68.15
2002	311	145	46.62	162	52.09	42	13.50	239	76.85
2003	329	150	45.59	171	51.98	41	12.46	275	83.59

　　说明：（1）某些年份"内部提升"和"外部聘用"栏之和小于"案例数"，或者"控股股东指派"和"职业经理人"栏之和小于"案例数"，不足数额为情况不详的案例数。

　　（2）数据来源：中国证券市场与会计研究数据库（CSMAR）。

　　促进高管团队人口特征多样化的另一个因素是高管选择标准的变化。现代企业制度的建立并不会自发地提高企业绩效，要想使公司化改革对企业产生实实在在的影响，企业内部的管理政策和实践必须作出相应的调整，包括重塑企业领导力（Parker，1995）。领导力是企业成功适应外部环境变化的重要因素（Mintzberg，1979），高管能否清晰、稳定地向整个组织传达一套新的价值观体系，以此来克服组织惰性、反对变革的情绪或者新旧目标之间的冲突，能否确定新的目标，发起必要的重组，协调新的工作实践和实施新的沟通体系都关系到改革的成功与否。这些新的挑战增强了对有能力的管理者的需求，与业务有关的技能和能力，而非政治和意识形态方面的素质，成为选择管理者时考虑的首要因素（Zhang & Parker，2002）。与这种变化相对应，"资历"作为选择高管的标准的重要性有所下降。上个世纪 90 年代初期，我国建设市场经济的思想得到了确立，"年轻化、专业化、知识化"的干部选拔标准得到了进一步贯彻。

除了上述两个管理者需求方面的因素外，管理者供给方面的因素也会提高高管候选人人群的多样性。首先是管理者流动性得到了很大提高。紧跟着1992年启动的人事制度改革，我国于1994年出台了劳动法并在1995年推出了劳动合同制度，不管企业所有制如何，所有的用工都必须以合同为基础。"铁饭碗"制度的打破和公开的劳动力市场的引入无疑大大增强了管理者的流动性，使他们具有了更大的职业选择自主权。然而，直到上个世纪90年代中期，管理者能力和技能瓶颈是制约他们流动的一个重要因素。Björkman & Ingmar（1999）认为，在中国，现代管理更多地被理解为数量化的技术而不是思考和行动的方式，把管理看作一项工程的做法仍然很普遍。招聘合适的管理人员是在华外企面临的首要问题，应聘者通常受过相关的技术教育，但是懂得财务和人力资源又具有丰富经验的人特别缺乏。上个世纪90年代后期，特别是2000年以来，工商管理硕士教育在中国兴起，软管理技术受到了空前欢迎。新一代的管理者通过获取工商管理硕士学位而非参加党校培训来推动自身职业发展（Warner，2003）。另一方面，中外合资企业和外商独资企业在中国的发展也促进了中国管理者的职业发展。外商投资企业不但按照企业管理的国际标准训练当地的职员（Chen，Wakabayashi & Takeuchi，2004），而且其中的一些还通过提升当地雇员到高层管理职位来实施本地化战略（Björkman & Lu，1999）。外资企业在中国的人力资源管理实践也扩散到其他所有制的企业中，甚至一些较大的乡镇企业和集体企业。这些都促进了管理者的职业发展，提高了他们的流动能力。此外，渐进的户籍制度改革也为劳动力流动提供了制度保障（班茂盛 & 祝成生，2000），特别是对于较高层次的劳动力，国家人事部及一些地方政府都出台了相关政策来促进其流动（班茂盛 & 祝成生，2000；刘武俊，2003）。

随着经济改革的深化，管理者本身在人口特征上也逐渐多样化。第一，由于收入和绩效挂钩，管理者表现出更强的竞争性。要想在竞争中生存下来或者被提升到更高的职位，他们必须具有优秀的绩效。在各种所有制类型的企业中，管理层级越高，绩效考核标准往往运用得越广泛，"重视资历"的文化已经不再扮演重要的角色了（Chen，Wakabayashi & Takeuchi，2004）。这种变化使高管团队在年龄、经验和教育水平等方面表现出多样性。第二，高管候选人群体在受教育水平、专业等方面表现出差异性。从受教育水平来看，许多管理者拥有了硕士乃至博士学位，企业对绩效和胜任力的重视促使他们接受各种学历的应聘者，不管你是高中毕业还是拥有博士学位（Chen，Wakabayashi & Takeuchi，2004）。从受教育专业来看，新一代的管理者中非理工科出身者占的比例提高了，而那些年纪较大、理工科出身的管理者则通过接受进一步教育获得了管理或经济方面的背景。

二、中国的社会文化价值观对组织过程的影响

高管团队人口特征影响社会整合（O'Reilly，Caldwell & Barnett，1989）、人际吸引（Byrne，1971）和自我分类（Turner et al.，1987）等组织过程，进而作用于组织产出。这一机制可能因所处环境的社会文化价值观、规范和外部期望的不同而存在差异（Carroll & Harrison，1998；Wiersema & Bird，1993）。社会文化价值观和组织过程决定了个体感知相同点和不同点的方式（Bond & Forgas，1984），以及对待和处理差异的方法。比如，希腊人对不同于自己的行为和意见能够泰然处之，而新加坡人则通常难以做到这一点（Hofstede & Bond，1988）。中国社会一些独特的文化价值观使中国人对群体内差异的感知比西方人更加敏感，但是处理时却更加含蓄。

Hofstede & Bond（1988）、Locket（1988）和 Björkman & Lu（1999）归纳了中国传统文化的四个重要价值观：

（1）集体主义：按照社会规范思考和做事，避免伤害别人，待人如待己；

（2）关系：和利益共同体的其他成员保持良好的关系，互惠互让；

（3）面子：尊敬处于高位的人，根据对方在家庭和社会上的地位给予相应的礼遇；

（4）资历：尊重长者，处于高位或年长的人应该得到更多的尊敬和更高的礼遇。

这四个重要的传统文化价值观影响着中国企业高管团队的人口特征以及高管对人口特征差异的感知和处理。集体主义抑制高管团队内的差异，同时使高管对差异更加敏感；重视关系和面子的目的都是为了实现和谐，高管对团队内的差异的处理比西方人更加含蓄；尊重资历则体现在高管的集体主义行为、处理关系和面子的方式上。这些传统价值观并非一成不变，近年来新儒家主义对中国人的传统价值观产生了深远的影响，促使中国人采取更为直接、更具建设性的方式对待差异。

（一）集体主义

中国社会的一个显著特征是集体主义（Earley，1989）。在中国文化中，

集体主义和个体对"自我"的界定紧密联系在一起。中国人认为"自我"并不是独立的实体,而是与"别人"交织在一起;"自我"是"别人"的延伸,自我的存在是通过与他人的关系得到体现的(Gao,1998)。比如,一个男子可能把自己看作一个儿子、父亲、丈夫或兄弟,而不是从自己本身出发界定自我。

中国人的集体主义自我观起到了协调思考方式和行为,抑制多样性的功能。由于中国人的自我观是群体导向的、"别人"导向的、关系型的、集体主义的和相互依赖的(Gao,1998),人们在思考问题和解决问题的时候对于自己的位置非常敏感,通常会考虑自己的行为会对相关的人产生什么影响,是否符合社会规范、群体规则或外部期望。Gibson(1997)指出,相互依赖的"自我"的认知风格相差不大,而独立的"自我"可能具有迥异的认知风格;对"自我"认知的差异同样在情绪反应中得到体现,相互依赖的自我在互动时倾向于避免负面的情绪,而独立的自我更加可能以自我为中心,容易表现出愤怒或自我吹嘘等行为(Brew & David,2004)。中国经济改革前实行的平均主义政策对集体主义起到了强化作用,其影响一直延续到最近。Schlevogt研究表明,国有企业的首席执行官比私有企业的首席执行官更加看重集体主义,"其原因可能是在公有企业中社会主义价值观具有压倒性的影响"(2001,p. 21)。

集体主义在抑制群体内差异的同时,也起到了放大差异性的作用。换句话说,在集体主义文化中,中国人对差异更加敏感。在华人社会中,人们是一种垂直型的集体主义者,也就是说,对等级和权威人物非常敏感(Triandis,1998)。哪些人地位高于自己、低于自己或者等同于自己,是人们与关系网络中的其他人进行互动时考虑的重要因素。其次,个体重视自己的成员身份,倾向于把自己看作特定群体、团队或单位的一部分,同时按照团体的界限明确区分内部人和外部人(Björkman & Lu,1999)。为了维护个人的社会身份以及个人作为社会网络的必要组成部分进行正常活动(Yang,1981),中国人对待内部人和外部人的态度和方法是不一样的。在群体内部,尽管个体对差异非常敏感,但是他们常常出于维系群体关系的需要而忽略这些差异,这在双方"私交"很好或一方对另一方很重要的情况下特别明显(Brew & David,2004);但是对于群体外部的人或新加入群体的人,内部人则不太友好。跨文化研究表明,中国人不太容易和陌生人打破相互间的隔阂,也不像西方人那样能够很快地向陌生人示好(Triandis,1998);中国人也不太愿意向外部人披露私人信息，故意向他人刺探信息的作法通常也不被接受（Chen & Chen，2004）。当内部人之间发生冲突时，双方会采取各种方法化解冲突，实现"大事化小，小事化无"的目的；但是对于外部人，集体主义者不会刻意避免冲突，相反，很可能采取直接对抗的方式（Leung，Koch & Lu，2002）。

（二）关系和面子

在中国，对"和"的追求促使个体采取含蓄的方法处理分歧或差异。与"和"紧密关联的中国文化价值观至少有两个：一是关系，二是脸面。

关系是影响中国人处理人际差异的一个重要因素。Hwang（1987）把关系分为三类：社会情感性的（social-affective）、工具性的（instrumental）和混合性的（mixed）。社会情感性的关系是指家庭或者象家庭一样的关系，其社会互动以交流情感或满足爱和归属需要为首要目的；工具性的关系主要涉及资源的市场交换，以满足物质需要为主要目的；混合性的关系不但涉及情感需要，也涉及工具性需要。在处理人际关系时，中国人遵循"和为贵"的原则。当个体由于个性特征、观点、利益等差异而引发冲突时，个体依据关系的类型采取相应的处理策略。如果关系具有很高的情感内涵和较低的工具内涵，那么个体倾向于采取结盟策略（aligning），兼顾双方利益，双方直接但是建设性地、礼貌地进行沟通；如果关系同时具有较高的情感和工具内涵，那么个体倾向于采取平衡策略（balancing），兼顾双方利益，以满足达到目的和增进感情的双重需要；如果关系具有较高的工具内涵和较低的情感内涵，那么个体通常采取安抚策略（smoothing），通常只关注自身利益，实现表面和谐，用以换取别人的帮助来实现目标；最后，如果关系具有的情感内涵和工具内涵都较低，那么个体采取瓦解策略（disintegrating），即仅仅关注自身利益，甚至不屑于实现表面和谐，通常采取结果导向的直接沟通方式，容易伤害别人的面子（Brew & David，2004；Leung，Koch & Lu，2002）。

重视脸面是影响中国人感知和处理人际差异的另一个重要价值观。脸面由两个字组成：脸和面。前者"代表着社会对一个人自我道德水准的信念，丢脸意味着一个人无法在社会中正常活动"（Gao，1998，p.468）。要脸意味着一个人按照社会准则和群体规范行事，因而对"脸"的重视导致人们行为方式趋同。面子则"代表某种声誉，这种声誉通过与人融洽相处、成功甚至夸耀得来"（Gao，1998，p.468）。也就是说，面子关系到一个人的社会形象。在中国这样一个集体主义社会中，自我和别人相互交织，自我是别人的一种延伸。这种互惠关系要求人们承担起保全和维护自己与他人的面子的责任（Brew & David，2004）。但是，这种责任可能因双方地位尊卑差异而不对等。面子和社会地位直接相关，对一个具有较高社会地位的人来说，丢面子意味着有失身份（Kim & Nam，1998），失去了别人对他的尊敬。相反，地位卑微的人的面子相对不太重要。比如，在上司和下属发生分歧的情况下，上司为了不丢面子可能强迫下属服从，而下属由于顾及上司的面子可能谨慎发言或者干脆不说话。

无论是谨慎处理各种人际关系，还是重视自己和别人的脸面，中国人的目的都是为了实现"和"，也就是人与人之间的和谐相处。和谐有两种类型，即真正的和谐与表面和谐（Leung，Koch & Lu，2002）。前者指双方之间真心实意的融洽关系，而后者则具有强烈的工具主义色彩。从这个意义上说，表面和谐只是一种工具，其目的是为了掩盖冲突。暂时的忍让也许只是一种策略，一旦机会来临，冲突就会再次爆发。尽管表面和谐并不是最优的，但是由于真正的和谐很难实现，人们通常也就满足于表面和谐（Leung，Koch & Lu，2002）。这说明，人们对和谐的重视更多地源于工具性的因素，而非感情或传统价值观，其目的是为了通过维持有关其切身利益的社会联系来实现自身的目标。比如，下属维护上司的面子是因为上司的面子与下属的利益息息相关（Brew & David，2004），一些人寻求良好关系的真正目的是为了抵制或把持权力（Hwang，1987）。

当关系非常重要（Hwang，1997～1998），或者让对方丢面子可能导致报复时（Ho，1976），中国人特别不愿意公开表达不同意见。这导致互动双方无法了解对方的真实意图，因而也就难以找到共同的合作基础。双方满足于表面和谐，但是私底下追求自己的目标（Leung，Koch & Lu，2002）。久而久之，冲突规避行为通常导致双方在处理差异或分歧时非常被动或者缺乏说服和沟通技巧（Leung，Koch & Lu，2002），或者进一步强化重在改善关系、但是忽视实质性问题的沟通行为和倾向（Gao，1998）。最终，对表面和谐的追求不是导致差异的缩小，而是分歧的扩大。

（三）新儒家主义

上述几方面的中国传统文化价值观植根于古老的儒家思想，它们影响中国人达几千年之久。在新中国成立后几十年的计划经济时期，马克思主义价值观在意识形态领域占据着主导地位。到今天，改革开放政策已经实施了三十年时间，传统的儒家价值观逐步影响个人价值观和认知，并且随着时间的推移会影响中国经理人的管理模式（Wong & Slater，2002）。在市场经济条件下，植根于孔子教诲的传统儒家思想通过适应和调整获得了新生。未来学家 Herman Kahn 称这一思想体系为"新儒家主义"（Hofstede & Bond，1988）。Hostede & Bond（1988）对东亚文化的研究证实，东亚文化具有一个独特的维度，他们称之为"儒家动力学"（Confucian Dynamism）。"儒家动力学"对经济增长具有推动作用，在东亚，经济增长较快的民族具有如下四个特征：（1）具有坚定不移的精神；（2）按照地位高低建立并接受不对等的关系；（3）节俭；（4）有廉耻之心。相反，如果一个民族过分看重个人表现的稳定性、爱面子、尊重传统以及互相吹捧、赠礼等，那么会不利于经济发展。

新儒家主义在中国社会慢慢扎根，对中国传统文化价值观具有深远的影响。首先是个人主义有所增强。新儒家主义认为，"除非能够维持生计，除非拥有足够的财富，否则建立真正的道德社会就是一句空话"（Leung，Koch & Lu，2002，p. 213）。Wong & Slater（2002）对中国管理者的访谈表明，多数管理者，特别是那些三四十岁的人，强烈地认为高收入和地位非常重要，是激励他们工作的主要原因。在经历了一系列的政治动荡和经济崩溃后，改善生活条件成了中国人工作的首要目的。另外，中国管理者的目标也不再像计划经济条件下那么"软"，管理者，特别是高级管理者，普遍面临绩效考核的约束和压力（Chen，Wakabayashi & Takeuchi，2004）。为了生存或被提升到更高的职位，管理者必须具有优秀的绩效，"资历"不再扮演极其重要的角色。为了实现目标，如果必要，人们会直接面对差异或分歧，而不是逃避（Leung，Koch & Lu，2002）。

与此同时，关系仍然在经济生活中扮演着重要的角色，但是它和经济活动的关联更强了。首先，以政治关联为基础的关系在许多企业，特别是民营企业中不具有非常重要的影响（Schlevogt，2001）；其次，"与上司和下属保持良好的关系不但有利于提高团队精神，而且能够促进职业发展；好的关系对于开发或利用商业机会非常重要"（Wong & Slater，2002，p. 351）；最后，由于经济转型过程中法律对商业活动的支持不完备，关系起到了弥补制度缺失的作用（Xin & Pearce，1996）。

面子也仍然被人们重视。一些高级管理者认为，"面子"反映了一个人的社会地位，个人地位和实际权力的行使同等重要（Wong & Slater，2002）。但是，在市场经济条件下，收入高低成了决定个人地位的重要因素（Wong & Slater，2002）。

上述几方面的变化将促使中国人采取更加直接的方式处理人际差异。Chen & Tjosvold（2002）在一项研究中指出，中国人非常关心公平。由于避免冲突的行为妨碍了人们开诚布公地对差异进行讨论，剥夺了人们发言和施加影响的机会，因而容易使团队成员觉得受到了不公正的对待，进而对团队绩效产生负面影响。因此，直接处理冲突才有助于实现真正的和谐。

概括来说，在上个世纪90年代初到本世纪初的十多年时间中，我国企业高管团队人口特征的多样性有所提高。由于中国传统文化对集体主义、关系和面子的重视，中国人尽管对群体内的差异非常敏感，但是不会轻易表露或者仅采取含蓄的方式表露。在市场经济条件下，新儒家主义对中国人的传统价值观具有深远影响，促使中国人采取更为直接、更具建设性的方式对待差异。因此，和十多年前相比，中国企业高管团队人口特征差异对组织产出的影响将会有所不同。

第四章

沪、深上市公司高管团队人口特征分析[*]

要理解中国企业高管团队人口特征对高管离职的影响，首先要了解中国企业高管团队人口特征的基本情况和演变趋势。这一章选取高管性别、年龄、任职时间、受教育专业、接受 MBA 教育情况、受教育程度、来源和选择方式等八个人口特征变量，以沪、深上市公司为例，分析中国上市公司高管人口特征的一般情况及高管团队人口特征的多样性程度。

第一节　高管团队人口特征变量及其测量

一、高管团队的界定

有关高管团队（top team, top management team）的界定的理论问题有两个。其中的一个是"高管团队"用词是否准确。Hambrick（1994）对高管团队概念提出了质疑，他认为，高管层内部存在严重的分裂倾向，并不像一个真正的团队那样行动，因而"高管群体（top management group, TMG）"可能是一个更恰当的称谓。对"高管团队"概念的上述争议提醒我们除了要注意高管层作为一个整体影响组织产出外，还有必要关注高管间的互动行为，如冲突和竞争。

有关高管团队的界定的另一个问题与这一概念的外延有关，即哪些高管构成高管团队。目前的实证研究对高管团队的操作性定义存在很大的差异，一些典型的例子包括"超高管团队（supra-TMT）"（高管团队和董事会合并起来作为分析单元）（Finkelstein & Hambrick，1996），由首席执行官识别的参与战略

---

[*] 本章部分内容曾在学术会议（2008 International Conference of Production and Operation Management）上进行交流。

决策的高管（Amason，1996；West & Anderson，1996；West & Schwenk，1996），副总裁以上的所有高管（Carpenter，2002；Cohen & Dean，2005；Geletkanycz & Hambrick，1997；Hambrick，Cho & Chen，1996；Keck，1997；Wiersema & Bantel，1992），副总裁以上的所有高管及其他董事（Michel & Hambrick，1992），所有内部最高层主管（包括首席执行官、首席运营官、业务单元负责人和副总裁）（Kor，2003），公司报告中报告的高管（Boeker，1997a；Tushman & Rosenkopf，1996），董事长、首席执行官和关键分支机构的首席执行官（Pitcher & Smith，2001），首席执行官、首席运营官、首席财务官和分支机构的首席执行官（Bertrand & Schoar，2003）等。还有一些研究考虑了不同国家企业在管理层级设置上的特点，比如，在中国企业中，总经理和副总经理一般被认为是高管团队的成员（Peng & Luo，2000），在日本企业中，高管委员会（jomukai，executive committee）通常被看作高管团队的具体表现形式（Wiersema & Bird，1993）。Hambrick & Mason 在构建高管团队人口特征影响组织产出模型时注意到，对高管和战略间联系的研究往往只关注首席执行官的作用，"从经验来看，对整个高管团队进行研究有助于提高理论的预测能力，因为首席执行官在一定程度上与其它团队成员分担任务、分享权力"（1984，p. 196）。高管团队作为一个集合体（aggregate executive units of analysis），其操作性定义的差异可能导致研究结果的不一致，比如，只包含执行董事的高管团队与包含所有执行和非执行董事的高管团队作用于组织产出的机制和结果可能存在差异，他们对组织产出变异的解释能力很可能不同。Flatt（1993）在博士论文中首次对这一问题进行了探讨，他对高管团队进行了四种不同的操作性定义，研究他们是否对创新具有不同的影响。另一项更加广为人知的相关研究由 Jensen & Zajac（2004）完成，他们对高管团队进行了两种不同的操作性定义，即定义为超高管团队和仅包含执行高管的高管团队，结果发现高管团队对战略的影响存在差异。这说明，处于不同治理位置的高管在组织决策中扮演着不同的角色，在解释相关实证研究的结论时务必小心谨慎。

本章把高管团队界定为公司年度报告中包含的高管人员，在多数公司中涉及总经理（总裁）和副总经理（副总裁）两个层级，在部分企业中还包括总监级的管理人员。采用这种界定方法的原因主要有以下几个：首先，本章在描述中国企业高管和高管团队人口特征时以中国上市公司为样本，采用这种界定方法避免了主观保留或剔除某些高管可能引起的错误；其次，这种定义方法在同类研究中已有先例，包括 Tushman & Rosenkopf（1996）和 Pitcher & Smith（2001）；最后，这种定义方法反映了当前中国企业在管理层级设置上的特点。本章界定的高管团队概念与魏立群和王智慧（2002）基本一致。这篇文献以中国上市公司为研究对象，探讨高管团队人口特征对企业绩效的影响，它将高管团队成员界定为"具有总经理、首席执行官或者总裁头衔的高级管理人员，以及那些具有副总经理、副总裁、总会计师或者首席财务总监头衔的高级管理人员"（魏立群和王智慧，2002，p. 18）。

二、人口特征变量的操作性定义

所有高管的性别、年龄、任职时间（担任本公司高管的时间）、受教育专业、接受 MBA 教育情况、受教育程度、来源和选择方式信息被搜集和编码。性别用一个虚拟变量来表示，男性为 0，女性为 1。年龄为考察年份减去高管出生年份。任职时间测量某一高管在本公司高管团队中停留的时间，操作化定义为考察年份的 12 月 31 日与担任本企业高管职务的起始时间的差额。高管受教育专业划分为三类：理工类、经济管理类和其他，分别赋值 1、2 和 3。工商管理硕士、公共管理硕士和工程硕士等专业学位不作为划分受教育专业的依据。如果某高管拥有多个学位，那么相关编码以其中最高学位为准。1991～2005 年期间大多数上市公司高管接受教育的时间为 1980 年代以前，没有系统学习过市场经济运行的相关理论。1990 年代以来兴起的工商管理硕士教育成为许多企业管理人员补充经济、管理知识的重要选择。为了补充上述受教育专业分类的局限性并反映工商管理硕士教育可能具有的影响，本章构建了一个变量，即接受 MBA 教育情况。如果考察年份年末高管具有工商管理硕士学位，那么相应变量值为 1，否则为 0。受教育程度根据我国传统的标准划分为四类，包括中学、中专及以下、大专、大学和研究生，分别赋值 1、2、3 和 4。高管来源可分为公司内部和公司外部，如果高管任现职前在同一公司任职，那么他就属于内部提升的高管，否则就是从外部聘用的高管。高管选择方式可分为由控股股东指派和聘用职业经理人，如果高管任现职前在本公司的控股股东担任董事、监事或高管职务，那么视其由控股股东指派，否则视其为职业经理人。高管来源和任免方式各用一个虚拟变量测量，如果高管来源于公司内部，则相应变量值为 0，反之为 1；如果高管选择方式为聘用职业经理人，那么相应变量值为 0，反之为 1。上述人口特征变量的编码情况参见表 4–1。

表4-1 人口特征变量编码一览表

人口特征变量	变量代码	变量值	说明	变量性质
性别	gender	0	男性	定类数据
		1	女性	
年龄	age	—	考察年份减去高管出生年份	定比数据
任职时间	tenure	—	考察年份的 12 月 31 日和担任高管职务的起始时间的差额	定比数据
受教育专业	discipline	1	理工类	定类数据
		2	经济、管理类	
		3	其他	
接受 MBA 教育情况	MBA	0	考察年份年末不具有工商管理硕士学位	定类数据
		1	考察年份年末具有工商管理硕士学位	
受教育程度	education	1	中学、中专及以下	定序数据
		2	大专	
		3	大学	
		4	研究生	
来源	origin	0	内部提升	定类数据
		1	外部聘用	
选择方式	assignment	0	聘用职业经理人	定类数据
		1	控股股东指派	

三、高管团队人口特征多样性的测量

上述人口特征变量是测量高管团队人口特征多样性的基础。高管团队人口特征多样性既可以从团队层面进行测量，即所谓的成分型人口特征，也可以从高管个体角度进行测量，即所谓的关系型人口特征。本章的目的主要在于从总体上把握高管团队的人口特征，因而采用前一种方法进行测量。从团队层面测量人口特征多样性，依据数据性质而采用不同的方法。年龄和任职时间为定比性质的数据，文献中曾经采用的方法包括变异系数（Bantel & Jackson，1989；Boeker，1997a；Ferrier，2001；Keck & Tushman，1993；Knight et al.，1999；Michel & Hambrick，1992；Simons，Pelled & Smith，1999；Smith et al.，1994；Wiersema & Bantel，1992）、标准差（Boeker，1997b）和欧拉距离（Euclidean distance）（Boone et al.，2004；Westphal & Zajac，1995）。Allison（1978b）在

一篇回顾不平等（inequality）测量方法的论文中指出，变异系数是测量诸如任职时间之类变量分布的首选方法，它克服了数据尺度大小的影响。本章采用变异系数，也就是样本值的标准差除以简单算术平均数来测量高管团队中高管年龄和任职时间的多样性，具体公式如下：

$$H = \frac{std\ (S_i)}{mean\ (S_i)}$$

其中，S_i 代表关注的人口特征变量，$std\ (S_i)$ 和 $mean\ (S_i)$ 分别表示同一高管团队内各高管人口特征变量值的标准差和算术平均数。其他六个人口特征变量为定类或定序性质的人口特征，一般采用布劳指数（Blau's index）测量其多样性（Bantel & Jackson，1989；Carpenter & Fredrickson，2001；Ferrier，2001；Haveman，1995；Keck & Tushman，1993；Knight et al.，1999；Simons，Pelled & Smith，1999；Smith et al.，1994；Tihanyi et al.，2000；Westphal & Zajac，1995；West & Schwenk，1996；Zajac & Westphal，1996），部分研究采用 Herfindal-Hirschman 指数（Herfindal-Hirschman index）（Boone et al.，2004；Hambrick，Cho & Chen，1996；Michel & Hambrick，1992）。本章采用布劳指数来测量高管团队中高管性别、受教育专业、接受 MBA 教育情况、受教育程度、来源和选择方式的多样化程度。计算公式如下：

$$B = 1 - \sum_{i=1}^{k} (P_i)^2$$

其中，P_i 表示高管团队内人口特征变量值属于第 i 类的高管所占的比例，k 为相应人口特征变量划分的类别总数。

高管团队人口特征多样性变量代码和测量方法一览表参看表 4 - 2。

表 4 - 2　高管团队人口特征多样性变量代码和测量方法一览表

高管团队人口特征多样性变量	变量代码	测量方法
年龄多样性	ageHet	变异系数
任职时间多样性	tenureHet	变异系数
高管团队性别多样性	genderHet	布劳指数
受教育专业多样性	curriculumHet	布劳指数
接受 MBA 教育情况多样性	MBAHet	布劳指数
受教育程度多样性	educationHet	布劳指数
来源多样性	originHet	布劳指数
选择方式多样性	selectionHet	布劳指数

第二节　数据来源和样本选取

这一章描述中国企业高管和高管团队人口特征以 1991～2005 年沪、深上市公司及其高管的相关数据为基础。上海和深圳证券交易所的绝大多数上市公司仅发行 A 股，少数公司发行 B 股，其中极少数公司发行 A 股和 B 股。为了避免重复计算样本企业和高管，本章仅从沪、深两市交易的 A 股上市公司中选取样本。

1991～2005 年历年 A 股上市公司高管及其所属企业的名录来源于两个独立数据库，即中国股票市场和会计研究数据库（CSMAR）和彭博资讯（Bloomberg）。首先比较这两个来源的上市公司名录，对于上市公司编码和/或简称不一致的，查询上海证券交易所（http：//www. sse. com. cn）或深圳证券交易所网站（http：//www. sse. org. cn）进行核实并根据交易所网站的记录作相应修改。其次校验这两份上市公司高管名录，对于不一致的高管名字，查询上市公司年报并作相应修改。

这一章涉及的人口特征包括年龄、任职时间、性别、受教育专业、接受 MBA 教育情况、受教育程度、高管来源和选择方式。其中，性别和受教育程度数据直接从 CSMAR 和彭博资讯获取；年龄根据高管出生年月计算得到；受教育专业、接受 MBA 教育情况、高管来源和选择方式依据高管简历进行编码；任职时间依据高管任期数据计算。如果相关数据存在缺失或不一致，那么查询上市公司年报、新浪财经频道（http：//finance. sina. com. cn）、中原证券个股查询栏目（http：//www. ccnew. com）和巨潮资讯公司资讯栏目（http：//gszx. cninfo. com. cn）进行修补，无法修补的则作为无效数据剔除；相应地，高管所在的上市公司被作为无效的样本企业进行剔除。

经过上述一系列的数据检查工作，我们得到了符合条件的企业和高管样本，相关的统计数据参看表 4－3、表 4－4、表 4－5 和表 4－6。表 4－3、表 4－4 和表 4－5 分别描述了 1991～1995 年历年样本企业来源的证券市场概况、所有制概况和行业分布情况。从这些表所列的统计数据不难看出，这一期间中国股票市场的发展呈现出如下特征：一是上市公司数量逐年增加，二是国有控股企业占主导地位，同时民营控股企业数量和比例有所增加；三是行业分布多样化。①

表 4 - 3　样本企业来源的证券市场概况

年份	深市			沪市			合计		
	样本企业数	上市公司总数	抽样比例（%）	样本企业数	上市公司总数	抽样比例（%）	样本企业数	上市公司总数	抽样比例（%）
1991	5	6	83.3	0	8	0.0	5	14	35.7
1992	6	33	18.2	8	29	27.6	14	62	22.6
1993	20	77	26.0	32	106	30.2	52	183	28.4
1994	26	120	21.7	37	171	21.6	63	291	21.6
1995	29	135	21.5	45	188	23.9	74	323	22.9
1996	61	237	25.7	79	293	27.0	140	530	26.4
1997	108	362	29.8	131	383	34.2	239	745	32.1
1998	158	413	38.3	184	438	42.0	342	851	40.2
1999	193	463	41.7	263	484	54.3	456	947	48.2
2000	195	514	37.9	307	572	53.7	502	1086	46.2
2001	196	508	38.6	326	646	50.5	522	1154	45.2
2002	195	508	38.4	339	715	47.4	534	1223	43.7
2003	195	505	38.6	453	780	58.1	548	1285	42.6
2004	196	536	36.6	365	837	43.6	561	1373	40.9
2005	196	544	36.0	364	834	43.6	560	1378	40.6

说明："上市公司总数"一栏的统计数据包含 A 股和 B 股上市公司，同时发行 A 股和 B 股的上市公司没有重复计算。深市上市公司总数摘自《深圳证券交易所市场统计年鉴 2005》和《深圳证券交易所市场统计年鉴 1998》；沪市上市公司总数摘自《上海证券交易所市场资料 2005》。

　　本章样本企业的组成情况的变化趋势和中国整体股票市场的发展基本一致。首先，从样本企业的数量看，样本企业数量稳步增多，由 1991 年的 5 个增加到 2005 年的 560 个；其次，从抽样比例看，样本企业数占当年上市公司

————————————

①　参看《深圳证券交易所市场统计年鉴》1998～2005 年各卷和《上海证券交易所市场资料》2001～2005 年各卷。

总数的比例由上个世纪 90 年代初的 20% 左右（不考虑 1991 年的情况）上升到 2005 年的 40% 左右，这可能是因为上市公司披露的相关信息的质量有所提高，被剔除企业的比例有所降低所致；再次，从企业所有制情况看，样本企业中民营控股企业所占的比例由 1992 年的 7.7%（不考虑 1991 年的情况）稳步上升到 2005 年的 12.3%；最后，从行业分布情况看，尽管制造业在整个考察期间在数量上占据了主导地位，但是行业分布的多样化趋势也相当明显，到 2005 年末，电力、煤气及水的生产和供应业、交通运输、仓储业、信息技术业以及批发和零售贸易等 4 个行业包含的样本企业数都达到或超过了 20 家。

表 4-4　样本企业所有制概况

年份	国有控股		民营控股		合计
	样本企业数	比例（%）	样本企业数	比例（%）	
1991	4	80.0	1	20.0	5
1992	13	92.3	1	7.7	14
1993	48	92.1	4	7.9	52
1994	58	90.5	5	9.5	63
1995	67	90.0	7	10.0	74
1996	126	92.5	14	7.5	140
1997	221	92.5	18	7.5	239
1998	315	92.1	27	7.9	342
1999	417	91.4	39	8.6	456
2000	448	89.2	54	10.8	502
2001	462	88.5	60	11.5	522
2002	470	88.0	64	12.0	534
2003	481	87.8	67	12.2	548
2004	491	87.5	70	12.5	561
2005	491	87.7	69	12.3	560

　　表 4-6 描述了样本企业的高管和高管团队的基本情况。首先，高管样本数有了大幅度的增加，由 1991 年的 13 个逐步增加到 2005 年的 2960 个；其次，被考察的高管团队增加很多，这和考察期间样本企业数量的变化情况完全

一致；再次，高管团队的规模有了显著提高，1991 年代表性的高管团队仅包含 2 到 3 人，2000 年以后则增加到 5 人左右；最后，高管团队规模的差异有所提高，从 1991 年的 1.82 提高到 2005 年的 2.08，但是变化幅度很小。

表 4-5　样本企业的行业分布概况

年份	A	B	C	D	E	F	G	H	I	J	K	L	M	合计
1991	0	0	1	0	0	0	0	1	0	1	0	0	2	5
1992	0	0	8	0	0	0	0	3	0	1	0	0	2	14
1993	0	1	27	5	2	0	1	8	0	4	2	0	2	52
1994	1	1	32	6	2	0	3	9	0	4	3	0	2	63
1995	1	1	39	6	3	0	3	11	0	4	3	0	3	74
1996	1	1	79	11	3	4	3	20	0	4	5	0	8	139
1997	5	1	144	16	7	5	7	28	1	6	8	0	11	239
1998	9	3	215	21	9	8	16	29	1	6	12	0	13	342
1999	11	9	282	23	11	15	20	39	3	12	16	1	14	456
2000	11	11	312	25	13	19	23	39	4	13	17	1	14	502
2001	11	12	326	26	13	19	25	39	6	13	17	1	14	522
2002	11	12	335	29	14	19	25	39	6	13	16	1	14	534
2003	11	14	343	31	14	20	26	39	6	13	16	1	14	548
2004	13	15	348	33	15	20	27	39	6	13	17	1	14	561
2005	13	15	347	33	15	20	27	39	6	13	17	1	14	560

说明：（1）上市公司所处行业的确定依据是中国证监会制定的《上市公司行业分类指引》；

（2）表中英文字母代表的行业类别：A—农、林、牧、渔业；B—采掘业；C—制造业；D—电力、煤气及水的生产和供应业；E—建筑业；F—交通运输、仓储业；G—信息技术业；H—批发和零售贸易；I—金融、保险业；J—房地产业；K—社会服务业；L—传播与文化产业；M—综合类。

表4-6 样本企业包含的高管和高管团队的概况

年份	高管个数	高管团队数	高管团队规模	
			均值	标准差
1991	13	5	2.60	1.82
1992	52	14	3.71	2.27
1993	208	52	4.00	2.33
1994	254	63	4.03	2.54
1995	287	74	3.93	2.36
1996	578	139	4.16	2.23
1997	1057	239	4.44	2.17
1998	1583	342	4.64	1.98
1999	2131	456	4.68	1.89
2000	2380	502	4.74	1.90
2001	2529	522	4.84	1.93
2002	2705	534	5.07	1.93
2003	2826	548	5.16	1.94
2004	2953	561	5.26	2.10
2005	2960	560	5.28	2.08

说明:(1)表中所有数据的统计时点为当年12月31日;

(2)高管团队数与同期样本企业数一致;

(3)高管团队规模定义为高管团队包含的高管数目。

第三节 高管人口特征的描述性统计

表4-7给出了定比性质的人口特征变量数据的均值和标准差,涉及高管年龄和任职时间两个人口特征变量。在1992~2005年这一阶段中,高管平均

年龄的变化情况呈现之字形：在1993～1995年期间逐步上升，1995年达到最大值（46.25岁），之后逐步下降，在2002年达到最小值（43.75岁），然后又逐步上升（参看图4-1）。Kruskal-Wallis检验和Savage检验表明，1992～2005年期间高管年龄的变化在0.01的水平上具有统计显著性，详细统计检验结果参看表4-8。（考虑到1991年高管样本数很小，计算得到的描述性统计数据以及以之为基础进行的统计检验可能具有较大的偏误，因而这一节对相关数据进行统计检验时都没有考虑1991年的情况。）

表4-7 高管年龄和任职时间的描述性统计

年份	N	年龄		任职时间	
		mean	S. D.	mean	S. D.
1991	13	39.46	8.76	2.41	1.16
1992	52	44.92	7.33	1.11	1.46
1993	208	44.83	8.74	0.76	1.10
1994	254	45.54	8.67	1.48	1.15
1995	287	46.25	8.47	2.10	1.32
1996	578	45.75	7.75	1.55	1.49
1997	1057	45.19	7.80	1.42	1.43
1998	1583	44.62	8.01	1.59	1.47
1999	2131	44.37	7.78	1.80	1.53
2000	2380	43.88	7.70	2.13	1.66
2001	2529	43.78	7.44	2.55	1.82
2002	2705	43.75	7.27	2.87	2.01
2003	2826	43.98	7.11	3.23	2.22
2004	2953	44.24	6.96	3.58	2.43
2005	2960	44.63	6.75	3.86	2.68

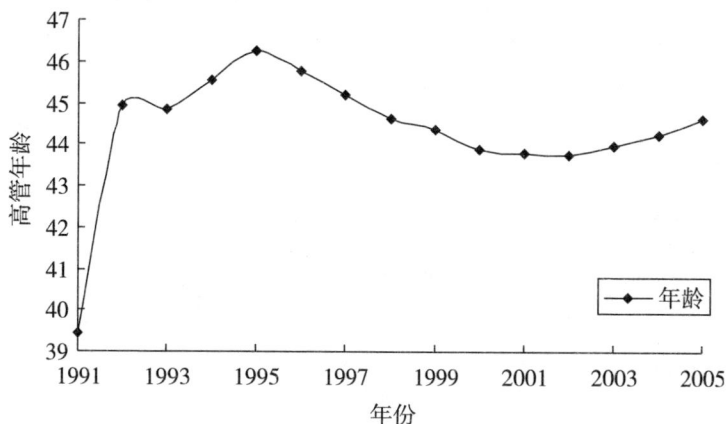

图 4 - 1　1991 ~ 2005 年高管平均年龄变化情况

表 4 - 8　1992 ~ 2005 年定比尺度高管人口特征变化的非参数检验结果

	Kruskal-Wallis test		Savage test	
	χ^2（DF）	p-value	χ^2（DF）	p-value
年龄	149.13（13）	<0.01	124.49（13）	<0.01
任职时间	3358.42（13）	<0.01	3017.34（13）	<0.01

说明：DF 指自由度。

　　高管任职时间也呈现出之字形：在 1993 ~ 1995 年期间逐步上升，1995 年达到极大值（2.10 年），之后两年有所下降，在 1997 年达到极小值（1.42 年），此后一直上升（参看图 4 - 2）。Kruskal-Wallis 检验和 Savage 检验表明，1992 ~ 2005 年期间高管任职时间的变化在 0.01 的水平上具有统计显著性，详细统计检验结果参看表 4 - 8。

　　表 4 - 9 描述了定序和定类性质的人口特征变量的频数分布情况，涉及高管性别、受教育专业、接受 MBA 教育情况、受教育程度、来源和选择方式等六个人口特征变量。从高管性别来看，男性高管在各年所占的比例都在 90% 以上；除了 1991 年外，其他各年男性和女性高管的比例基本保持不变（参看图 4 - 3）。对各年份的性别频数表所作的 χ^2 检验表明，1992 ~ 2005 年不同性别的高管所占的比例变化在 0.05 的水平上不显著。详细统计检验结果参看表 4 - 10，其中给出了皮尔逊卡方检验（Pearson Chi-Square test）和似然比检验

（Likelihood Ratio Chi-Square test）结果以及两个描述列变量和行变量相关性的系数（Phi Coefficient 和 Cramer's V）。

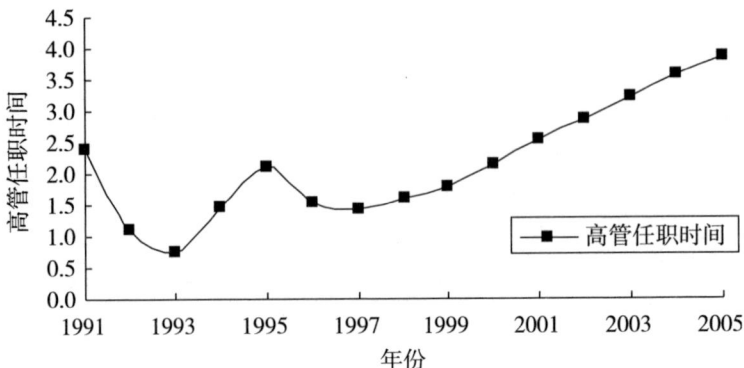

图 4 – 2　1991 ~ 2005 年高管任职时间变化情况

从高管受教育专业来看，理工类专业出身的高管所占的比例有明显的波动，在不考虑 1991 年的情况下，最大值为 53.6%（2005 年），最小值为47.4%（1996 年）；经济、管理类出身高管的比例在 1992 年达到最大值（46.2%），在 2005 年达到最小值（40.2%）。但是，不同专业出身高管的比例的变化趋势不明显（参看图 4 – 4）。对各年份高管受教育专业频数表所作的 χ^2 检验表明，1992 ~ 2005 年不同受教育专业的高管所占的比例变化在 0.01 的水平上显著（参看表 4 – 10）。

从接受 MBA 教育情况来看，拥有工商管理硕士学位的高管的人数和比例都逐年上升（参看图 4 – 5）。对各年份高管接受 MBA 教育的频数表所作的 χ^2 检验表明，1992 ~ 2005 年接受 MBA 教育高管所占的比例变化在 0.01 的水平上显著（参看表 4 – 10）。

从受教育程度来看，中学、中专及以下学历的高管所占的比例总体上呈下降趋势；大专学历高管所占的比例也是如此；拥有本科学历的高管所占的比例在 1996 年以前变化趋势不明显，之后稳步上升；拥有研究生学历的高管的数量和比例都很小，但是一直处于稳定上升中（参看图 4 – 6）。对各年份高管受教育程度的频数表所作的检验表明，1992 ~ 2005 年不同受教育程度高管的比例的变化在 0.01 的水平上显著（参看表 4 – 10）。

表 4-9 高管性别、受教育专业、接受 MBA 教育情况、受教育程度、来源和选择方式的频数统计

年份	n	性别		受教育专业			接受 MBA 教育情况		受教育程度				来源		选择方式	
		男性	女性	理工类	经济、管理类	其他	否	是	中学、中专及以下	大专	大学	研究生	内部提升	外部聘用	聘用职业经理人	控股股东指派
1991	13	13	0	7	6	0	13	0	0	4	9	0	8	5	12	1
1992	52	47	5	25	24	3	52	0	4	17	31	0	45	7	47	5
1993	208	193	15	107	88	13	207	1	18	75	114	1	174	34	166	42
1994	254	236	18	129	108	17	253	1	20	92	140	2	198	56	198	56
1995	287	269	18	150	118	19	284	3	25	102	158	2	226	61	217	70
1996	578	534	44	274	254	50	568	10	52	214	309	3	479	99	459	119
1997	1057	966	91	538	434	85	1033	24	88	381	579	9	903	154	816	241
1998	1583	1445	138	820	650	113	1549	34	119	522	929	13	1357	226	1234	349
1999	2131	1946	185	1083	905	143	2074	57	147	686	1277	21	1802	329	1677	454
2000	2380	2181	199	1235	993	152	2294	86	127	751	1498	40	1978	402	1930	450
2001	2529	2313	216	1313	1050	166	2425	104	123	717	1634	55	2093	436	2076	453
2002	2705	2465	240	1420	1121	164	2567	138	130	692	1814	69	2239	466	2254	451
2003	2826	2563	263	1473	1174	179	2671	155	122	698	1929	77	2342	484	2381	445
2004	2953	2681	272	1553	1219	181	2787	166	112	688	2075	78	2404	549	2497	456
2005	2960	2680	280	1586	1189	185	2782	178	102	654	2130	74	2409	551	2530	430

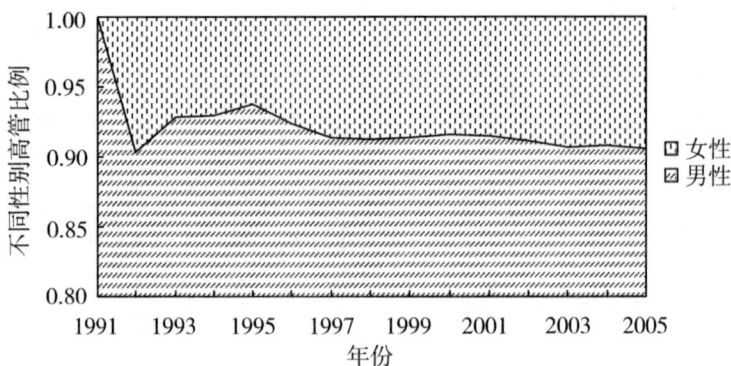

图 4 - 3　1991 ~ 2005 年不同性别高管所占比例

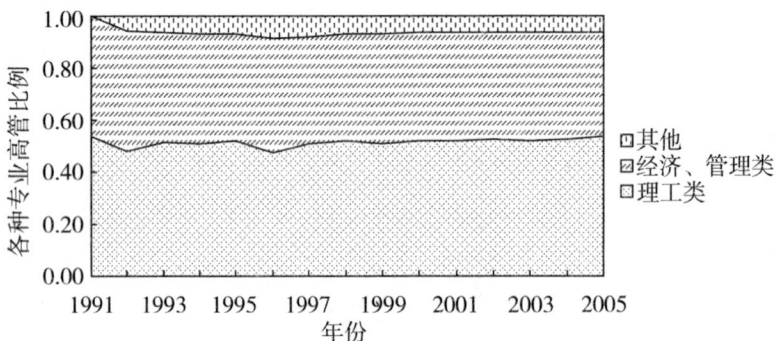

图 4 - 4　1991 ~ 2005 年各专业高管所占比例

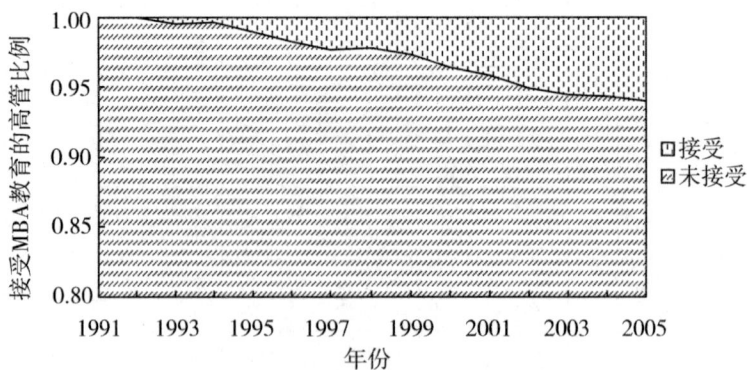

图 4 - 5　1991 ~ 2005 年接受 MBA 教育高管所占比例

　　从高管来源看，内部提升和外部聘用的高管的相对比例出现了反复波动，局部呈现 S 形，1994 年前逐年下降；之后逐年上升，到 1998 年达到极大值；然后又逐年下降，并且直到 2005 年末这种趋势仍然没有改变（参看图 4 - 7）。对各年份高管来源的频数表所作的检验表明，1992～2005 年不同来源高管的比例的变化在 0.01 的水平上显著（参看表 4 - 10）。

从高管选择方式看，职业经理人出身的高管和控股股东指派的高管的相对比例的变化呈 U 形，1993～1999 年基本保持稳定，之前显著下降，之后显著上升（参看图 4 - 8）。对各年份高管来源的频数表所作的检验表明，1992～2005 年以不同方式选择的高管的比例的变化在 0.01 的水平上显著（参看表 4 - 10）。

1992～2005 年中国上市公司高管人口特征变化一览表参看表 4 - 11。

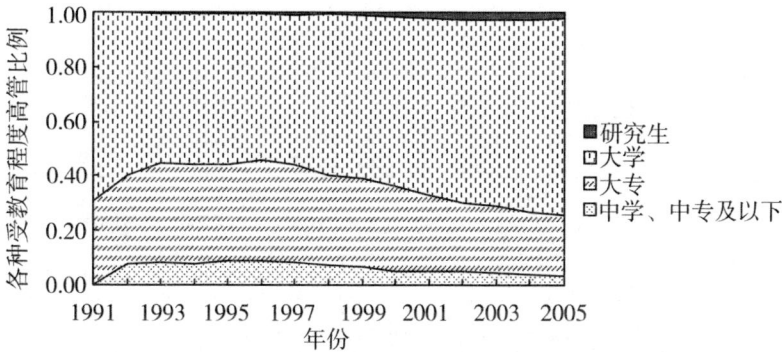

图 4 - 6   1991～2005 年各受教育程度高管所占比例

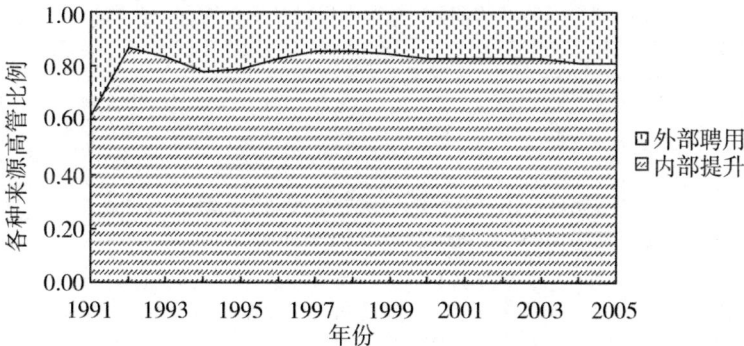

图 4 - 7   1991～2005 年不同来源高管所占比例

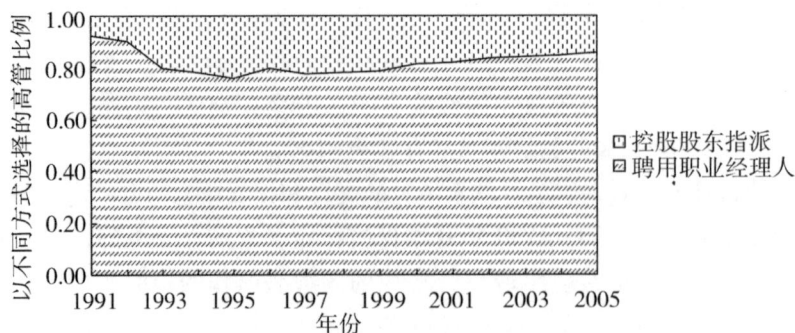

图 4 - 8　1991～2005 年以不同方式选择的高管所占比例

表 4 - 10　1992～2005 年定类和定序尺度高管人口特征变化的显著性检验

	Pearson Chi-Square test		Likelihood Ratio Chi-Square test		Phi Coefficient	Cramer's V
	χ^2（DF）	p-value	χ^2（DF）	p-value		
性别	8.93（13）	0.78	9.27（13）	0.75	0.02	0.02
受教育专业	447.43（26）	<0.01	451.48（26）	<0.01	0.14	0.08
接受 MBA 教育情况	129.56（13）	<0.01	150.59（13）	<0.01	0.08	0.08
受教育程度	447.43（39）	<0.01	451.48（39）	<0.01	0.14	0.08
来源	35.78（13）	<0.01	35.90（13）	<0.01	0.04	0.04
选择方式	118.35（13）	<0.01	116.86（13）	<0.01	0.07	0.07

说明：DF 指自由度。

表 4 - 11　1992～2005 年高管人口特征变化情况一览表

人口特征	变化情况	变化是否显著
年龄	之字形	是
任职时间	之字形	是
性别	—	否
受教育专业	不同专业出身高管的比例处于波动中，趋势不明显	是
接受 MBA 教育情况	接受 MBA 教育的高管比例逐年上升	是
受教育程度	中学、中专及以下学历的高管和大专学历高管所占的比例呈下降趋势；本科和研究生学历的高管所占的比例总体上上升	是
来源	反复波动，局部呈现 S 形	是
选择方式	职业经理人出身的高管和控股股东指派的高管的相对比例的变化呈 U 形	是

第四节　高管团队人口特征的描述性统计

表 4 - 12 给出了 1991～2005 年各年高管团队人口特征多样性的均值和标准差，图 4 - 9 和图 4 - 10 描绘了高管团队人口特征多样性的年度变化情况。团队内高管年龄多样性在 1992～2005 期间出现了波浪形变化形态：1992 年后逐步上升，到 1994 年达到极大值；之后又逐步下降，1996 年达到极小值。1996 年到 2005 年重复出现上述波动，其中 1998 年达到极大值。Kruskal-Wallis 检验和 Savage 检验表明，1992～2005 年期间高管团队年龄多样性的年度差异在 0.01 的水平上具有统计显著性，详细统计检验结果（参看表 4 - 13）。

团队内高管任职时间多样性 1992 年以来表现出明显的上升趋势。Kruskal-Wallis 检验和 Savage 检验表明，1992～2005 年期间高管任职时间多样性的年度差异在 0.01 的水平上具有统计显著性（参看表 4 - 13）。

团队内高管性别多样性变化情况呈 U 形：在 1992～1995 年期间有所下降，之后呈现出稳定的上升趋势。Kruskal-Wallis 检验和 Savage 检验表明，1992～2005 年期间高管团队性别多样性的年度差异在 0.01 的水平上具有统计显著性（参看表 4 - 13）。

团队内高管受教育多样性的变化轨迹类似反 S 形状，1993 年达到极大值，之后有所下降，在 1995 年达到极小值，然后稳步上升。对高管受教育专业多样性年度差异显著性进行的非参数检验没有得到一致结论：Kruskal-Wallis 检验的统计量在 0.01 的水平上具有显著性，但是 Savage 检验的统计量仅在 0.10 的水平上具有显著性（参看表 4 - 13）。

团队内高管接受 MBA 教育情况多样性表现出稳定上升趋势。Kruskal-Wallis 检验和 Savage 检验表明，1992～2005 年期间高管团队接受 MBA 教育多样性的年度差异在 0.01 的水平上具有统计显著性（参看表 4 - 13）。

团队内高管受教育程度多样性的变化表现出 S 形态，1992 年～1995 年逐年下降，之后有所上升，1998 年达极大值，然后又趋于下降。Kruskal-Wallis 检验和 Savage 检验表明，1992～2005 年期间高管受教育程度多样性的年度差异在 0.01 的水平上具有统计显著性（参看表 4 - 13）。

表 4-12 高管团队人口特征多样性的描述性统计

年份	n	年龄多样性		任职时间多样性		性别多样性		受教育专业多样性		接受MBA教育情况多样性		受教育程度多样性		来源多样性		选择方式多样性	
		mean	S.D.	mean	S.D.	mean	S.D.	mean	S.D.	mean	S.D.	mean	S.D.	mean	S.D.	mean	S.D.
1991	5	0.112	0.120	0.071	0.158	0.000	0.000	0.164	0.233	0.000	0.000	0.175	0.244	0.171	0.237	0.075	0.168
1992	14	0.107	0.074	0.018	0.068	0.098	0.169	0.282	0.263	0.000	0.000	0.334	0.227	0.090	0.181	0.062	0.159
1993	52	0.119	0.082	0.047	0.191	0.072	0.152	0.298	0.246	0.005	0.039	0.319	0.236	0.073	0.159	0.101	0.181
1994	63	0.124	0.091	0.079	0.234	0.074	0.149	0.284	0.247	0.004	0.035	0.293	0.242	0.068	0.149	0.111	0.188
1995	74	0.117	0.085	0.114	0.266	0.066	0.142	0.277	0.241	0.010	0.065	0.291	0.235	0.092	0.168	0.109	0.189
1996	139	0.111	0.071	0.161	0.348	0.089	0.163	0.307	0.231	0.021	0.084	0.310	0.231	0.095	0.173	0.118	0.193
1997	239	0.133	0.074	0.165	0.299	0.100	0.170	0.337	0.221	0.029	0.097	0.339	0.226	0.093	0.170	0.131	0.199
1998	342	0.144	0.067	0.211	0.327	0.111	0.172	0.368	0.204	0.029	0.097	0.344	0.222	0.094	0.173	0.163	0.209
1999	456	0.143	0.065	0.256	0.338	0.110	0.173	0.373	0.193	0.039	0.111	0.337	0.222	0.103	0.177	0.171	0.211
2000	502	0.142	0.065	0.376	0.400	0.113	0.173	0.384	0.179	0.049	0.127	0.323	0.223	0.121	0.187	0.163	0.205
2001	522	0.140	0.063	0.444	0.385	0.118	0.175	0.386	0.178	0.058	0.137	0.312	0.226	0.128	0.190	0.162	0.203
2002	534	0.140	0.061	0.513	0.360	0.125	0.174	0.389	0.176	0.072	0.148	0.315	0.219	0.148	0.195	0.158	0.201
2003	548	0.137	0.058	0.504	0.344	0.131	0.175	0.394	0.179	0.074	0.150	0.303	0.218	0.153	0.196	0.151	0.198
2004	561	0.133	0.058	0.525	0.321	0.128	0.176	0.394	0.178	0.073	0.149	0.293	0.216	0.158	0.200	0.151	0.195
2005	560	0.128	0.058	0.584	0.337	0.133	0.177	0.397	0.173	0.080	0.154	0.286	0.217	0.170	0.198	0.142	0.193

表 4 – 13　1992～2005 年高管团队人口特征多样性年度差异的显著性检验

	Kruskal-Wallis test		Savage test	
	χ^2（DF）	p-value	χ^2（DF）	p-value
年龄多样性	288.69（13）	<0.01	367.39（13）	<0.01
任职时间多样性	4378.22（13）	<0.01	1963.79（13）	<0.01
性别多样性	87.81（13）	<0.01	36.78（13）	<0.01
受教育专业多样性	35.23（13）	<0.01	21.25（13）	0.07
接受 MBA 教育情况多样性	560.47（13）	<0.01	519.74（13）	<0.01
受教育程度多样性	441.54（13）	<0.01	348.06（13）	<0.01
来源多样性	477.71（13）	<0.01	311.02（13）	<0.01
选择方式多样性	58.68（13）	<0.01	70.61（13）	<0.01

说明：DF 指自由度。

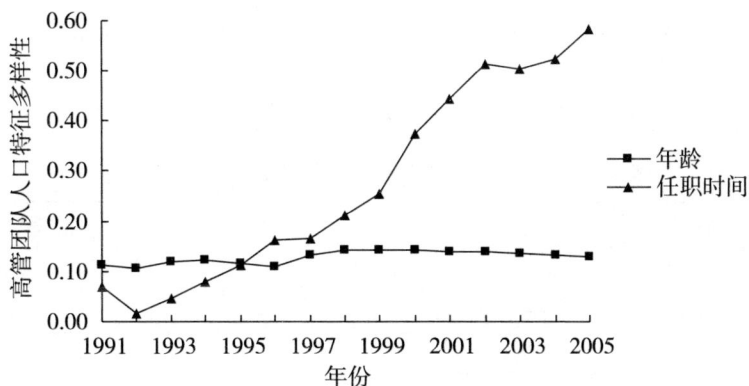

图 4 – 9　1991～2005 年高管团队人口特征多样性变化情况（1）

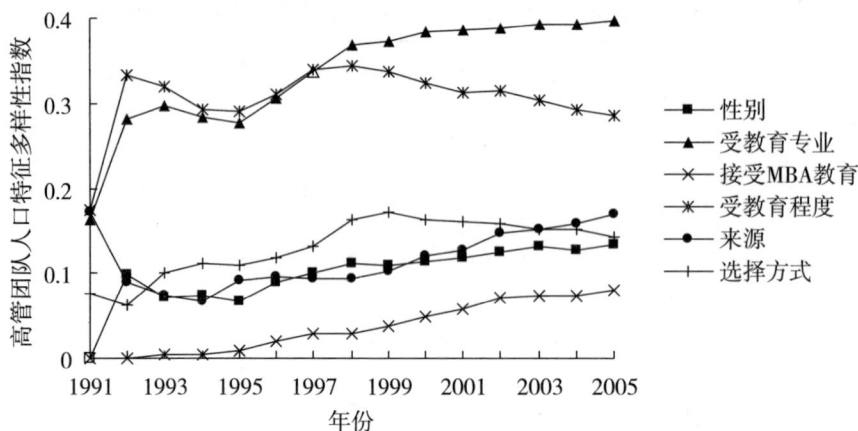

图 4 – 10   1991～2005 年高管团队人口特征多样性变化情况（2）

团队内高管来源多样性在 1992～1994 年期间有所下降，1995～1999 年趋于平稳，之后表现出稳步上升的态势。Kruskal-Wallis 检验和 Savage 检验表明，1992～2005 年期间高管来源多样性的年度差异在 0.01 的水平上具有统计显著性（参看表 4 – 13）。

团队内高管选择方式多样性在 1992～2005 年间呈现出倒 U 形，其中 1999 年达到极大值。Kruskal-Wallis 检验和 Savage 检验表明，1992～2005 年期间高管选择方式多样性的年度差异在 0.01 的水平上具有统计显著性（参看表 4 – 13）。

高管团队人口特征多样性 1992～2005 年变化概况见表 4 – 14。

表 4 – 14   1992～2005 高管人口特征变化情况一览表

人口特征	变化情况	变化是否显著
年龄多样性	波浪形	是
任职时间多样性	上升	是
性别多样性	U 形	是
受教育专业多样性	反 S 形	检验结果不一致
接受 MBA 教育情况多样性	上升	是
受教育程度多样性	S 形	是
来源多样性	先有所下降，然后趋于平稳，最后稳步上升	是
选择方式多样性	倒 U 形	是

第五节　中国企业高管团队人口特征的进一步分析

一、高管团队人口特征的纵向差异

这一章的研究对象是上个世纪 90 年代到近几年的中国企业。这一时期，中国的经济大环境发生着翻天覆地的变化，企业处于构建现代企业制度的进程中，在组织目标、管理层、组织结构和业务定位等方面发生着巨大变化。企业由此面临着紧迫的生存和发展压力，作为一种应对措施，提高企业高管团队多样性是合理的做法。具体而言，我们认为下面几方面的变化推动了中国企业高管团队的多样化：

（1）企业目标由混合目标向单一经济目标转变。一直到上个世纪 90 年代中期，对国有企业来说，最重要的两项任务是提高产能和完成上级主管部门下达的任务（Zhang & Parker，2002）。企业高管不但是经营者，而且还充当着政府官员的角色，要担负起维持社会安定、促进地方公共设施发展等非经济职能（朱红军，2002）。随着现代企业制度的试点和推广，利润、产能和员工收入从上个世纪 90 年代后期开始成为国有控股企业最为关注的三项目标（Zhang & Parker，2002）。这一转变意味着企业作为独立的经济实体直接面对市场竞争，面临的预算约束由"软"变"硬"，生存和发展环境趋于复杂多变。

（2）政策环境由相对稳定转向多变。中国的企业制度改革无先例可循，因而是一种"摸着石头过河"的过程。随着新情况的不断出现，政策调整在所难免。因此，中国企业不但要面对越来越激烈的市场竞争，还要应对来自政策变化的挑战，这对国有企业尤其如此。比如，在国有企业中，旨在改善企业效益的方案很容易因政策调整而被放弃（Wong & Slater，2002）。为了减弱由此造成的负面影响，企业管理层需要有多种信息来源渠道，预测政策走向。这一要求会推动高管团队的多样化。

（3）人事制度改革为企业通过多种渠道、采用多种方式聘用胜任的高管奠定了基础。自 90 年代中期以来，各种类型的企业聘用各级管理人员的自主权已经得到了很大提高。随着多数国有企业经营者的选拔方式由行政任命转向通过市场机制聘用，经营者的行政级别色彩已经大大淡化；高管来源由内部主导转向内部提升和外部选聘相结合，高管候选人群体明显扩大了。这些都有助于推动高管团队多样化。这在上一章已经详细论述，此处不再赘述。

基于上述论述，我们认为：从上个世纪 90 年代初到本世纪初，中国上市公司高管团队人口特征多样性程度会有显著提高。

为了对上述观点进行验证，此处采用威尔科克逊秩和检验（Wilcoxon Rank-Sums Test）对比研究了 2001～2005 年各年和 1993～1995 年各年高管团队人口特征多样性的差异。由于 1991 年和 1992 年样本容量太小，容易造成统计检验的偏误，此处没有将这两年的高管团队人口特征多样性数据纳入分析。结合表 4-12 的年度高管团队人口特征多样性数据和表 4-15 的统计检验结果进行分析可以发现，高管受教育程度多样性的差异不显著，高管年龄多样性的差异在若干年份的配对检验中也不显著，2005 年和 1993～1995 年高管选择方式多样性差异不显著，其他五个人口特征多样性指标在 2001～2005 年的值均至少在 0.05 的显著性水平上高于 1993～1995 年的相应指标值。由此可以判断，总体而言，本世纪初中国企业高管团队人口特征多样性程度较上个世纪 90 年代初期有了显著提高。

表 4-15　高管团队人口特征多样性不同年份配对比较

比较年份	年龄多样性	任职时间多样性	性别多样性	受教育专业多样性	接受 MBA 教育多样性	受教育程度多样性	来源多样性	选择方式多样性
2001 vs. 1993	1.99*	8.08**	1.80*	1.77*	2.79**	0.58	2.03*	2.09*
2001 vs. 1994	1.64	8.07**	1.87*	2.27*	3.13**	0.10	2.39**	1.91*
2001 vs. 1995	2.27*	7.72**	2.46**	2.84**	3.04*	0.28	1.54+	2.13*
2002 vs. 1993	2.08*	9.09**	2.14*	1.83*	3.27**	0.61	2.69**	2.01*
2002 vs. 1994	1.72*	9.21*	2.23*	2.34**	3.65**	0.09	3.13**	1.81*
2002 vs. 1995	2.39**	8.99**	2.84**	2.91**	3.62**	0.28	2.36**	2.04*
2003 vs. 1993	1.74*	9.34**	2.40**	2.05*	3.32**	1.02	2.86**	1.81*
2003 vs. 1994	1.35	9.47**	2.51**	2.59**	3.70**	0.30	3.31**	1.59
2003 vs. 1995	2.02*	9.24**	3.12**	3.17**	3.68**	0.16	2.56**	1.81*
2004 vs. 1993	1.44+	10.06**	2.27*	2.01*	3.32**	1.41+	2.97**	1.84*
2004 vs. 1994	1.02	10.21**	2.37*	2.53**	3.71**	0.70	3.43**	1.62
2004 vs. 1995	1.69*	10.02**	2.99**	3.12**	3.68**	0.54	2.71**	1.84*
2005 vs. 1993	0.93	10.33**	2.47*	2.08*	3.52**	1.61	3.38**	1.59
2005 vs. 1994	0.52	10.56**	2.58**	2.63**	3.92**	0.89	3.91**	1.33+
2005 vs. 1995	1.16	10.48**	3.20**	3.21**	3.92**	0.80	3.20**	1.53+

说明：（1）各年样本数同表 4-4；

（2）不同年度高管团队人口特征多样性差异的检验采用威尔科克逊秩和检验，Z 值显著性用正态分布做单尾检验；

（3）$^+p < 0.10$；$^*p < 0.05$；$^{**}p < 0.01$。

二、高管团队人口特征的国别差异

中国企业高管团队人口特征多样性除了在不同时间上表现出显著变动外，和西方企业相比，也具有不同的特点。

在对高管团队人口特征多样性的国别差异进行评价前，有必要了解中国和其他国家高管人口特征的一般水平。与已有的针对欧美或日本企业的同类研究相比，中国上市公司高管具有较小的年龄和较短的任职时间（见表 4 – 16）。这说明中国企业更倾向于提拔年轻的管理者担任高管职务，并且相对而言这些高管缺乏承担相关职务的经验。

有关高管团队人口特征多样性的中外比较结果见表 4 – 16，其中中国的数据对应的年份为 2005 年。表中所列举文献对人口特征多样性的测量都采用变异系数，因而相关数据具有较强的可比性。可以发现，中国上市公司高管团队年龄多样性程度高于日本企业，但是低于美国和荷兰企业；而高管任职时间多样性程度比上述三国都低。

为了对高管团队人口特征多样性的国别差异进行更加全面、准确的评估，我们从两个角度对上述比较结果进行修正和完善。首先，表 4 – 16 所列的中国上市公司人口特征多样性数据的对应年份为 2005 年，其中高管任职时间多样性数据为 1991 ~ 2005 年历年数据的最大值，年龄多样性数据则不是。因此，就年龄多样性而言，采用其他年份的数据进行比较有可能得到不同的结果。为了证实这一推测，以历年年龄多样性数据中的最大值和最小值，也就是 1998 年和 1992 年的数据（分别是 mean = 0.14，s.d = 0.07，$N = 342$ 和 mean = 0.11，s.d = 0.07，$N = 14$）重复上述比较，结果表明，除了 1992 年的高管团队年龄多样性程度不再显著高于日本企业外（$Z = -0.80$，$p > 0.10$），其他结果在 0.05 的显著性水平上与表 4 – 16 所列一致。其次，有必要注意到，中国上市公司的年龄都很小，这可能限制了高管任职时间的大小范围和分布状况。把样本限定为公司年龄至少为 10 年的高管团队，那么高管任职时间多样性这一变量的值（mean = 0.56，s.d = 0.35，$N = 669$）接近 2005 年全部样本的相应值。以这些数据重复上述比较工作，所得结果在 0.05 的显著性水平上和表 4 – 16 一致。

表 4 – 16　高管团队人口特征多样性的国别差异

变量	中国 本章		日本 Wiersema and Bird (1993)		美国 Jackson et. al. (1991)		荷兰 Wiersema and Bantel (1993)		荷兰 Godthelp and Glunk (2003)		均值比较 本章 vs. Wiersema and Bird (1993)	本章 vs. Jackson et. al. (1991)	本章 vs. Wiersema and Bantel (1993)	本章 vs. Godthelp and Glunk (2003)
	均值	标准差	均值	标准差	均值	标准差	均值	标准差	均值	标准差				
简单人口特征														
年龄	45.41	7.39	61.30	6.35					54.06	3.28	36.79***			68.53***
任职时间	3.63	2.05					9.51	4.20	5.79	2.19			12.90***	28.11***
样本规模	16819		220		93		85		848					
高管团队人口特征多样性														
年龄	0.13	0.06	0.09	0.05	0.18	0.13			0.54	0.45	-4.59***	3.80***		26.33***
任职时间	0.58	0.34	0.97	0.34			0.71	0.35	0.68		0.50	6.94***	3.11***	4.30**
样本规模	560		40		93		85		848					

说明：（1）中国的高管团队人口特征多样性数据取自表 4 – 12，对应年份为 2005 年；

（2）均值比较采用 Z 值（Z score），显著性水平检验采用单尾检验；

（3）$^+ p < 0.10$；$^* p < 0.05$；$^{**} p < 0.01$；$^{***} p < 0.001$。

第五章

简单人口特征对高管离职与提升的影响：以接受 MBA 教育情况为例[*]

正如第三章的文献回顾所表明的，作为一种重要的人口特征，受教育情况受到了广泛的关注。更具体地说，学者们考察的主要是受教育程度和专业背景。尽管接受 MBA 教育情况也是表征专业背景的一个人口特征变量，但是极少有文献关注它（Geletkanycz & Black，2001）。这是本章以其为例来研究简单人口特征的一个重要原因。当然，之所以选择接受 MBA 教育情况，还在于过去二十多年来 MBA 教育对于培育中国管理者的重要性。从 1984 年美国纽约州立大学布法罗分校受中国政府委托培养中国的第一批 MBA，到 1991 年教育部批准国内 9 所高校招收 MBA，再到 2002 年教育部批准 32 所高校开展 EMBA 教育试点，国内各大院校的 MBA 招生人数稳步增加，企业和个人对 MBA 教育的需求也呈现快速上升趋势。

本章把拥有 MBA 学位的高管看作企业的重要资源，基于资源基础理论（the resource-based theory of the firm）（Wernerfelt，1984）探讨接受 MBA 教育如何影响高管职业发展的两个重要方面，即离职和提升，并采用中国上市公司及其高管的相关数据进行实证检验。

第一节 理论发展和研究假设

国内对 MBA 教育的探讨很多，但是把它与管理理论联系起来的却很少。1990 年以来的十多年中，我国由计划经济向市场经济转型。MBA 教育代表着一种快速获取和吸收市场经济运行知识的方法。在需求大于供给的情况下，MBA 教育在一定程度上具有稀缺和难以模仿的特征，接受 MBA 教育的管理者

---

[*] 本章主要内容曾发表于《管理案例研究与评论》2008 年第 4 期，有删改。

是企业的重要资源。基于这种认识，本章在资源基础理论的框架内分析企业高管接受 MBA 教育对其离职和提升的影响。

在过去十多年中，资源基础理论（Wernerfelt，1984）已经成为战略管理领域的主流分析工具之一。它把企业看作各种资源的集合，而其中每种资源又具有多种用途。企业资源的存量、流量和配置决定着企业的强点和弱点，进而影响企业能否在市场上获取和保持优势地位。换句话说，资源基础理论认为，竞争优势来源于企业内部，而不是企业外部五种力量作用的结果。

当然，企业资源要能帮助企业获取和保持竞争优势，必须具备几个特征，即首先它是对企业有价值的，从而与企业的战略和目标是紧密关联的；其次它必须是稀缺的，从而不能被其他企业很容易地从公开市场上获取；最后它是不可完全复制和不可替代的，从而使企业的竞争优势具有持久性（Barney，1991）。可见，能够为企业带来高利润的资源通常是企业所特有的，而非同一行业中的企业所共有的（Prahalad & Hamel，1990）。

我国的经济转型凸现了企业对人力资源的高度依赖性。但是，核心竞争力并不存在于孤立的个体中，而是和企业的实际情况高度相关（Goodall，Warner & Lang，2004）。就 MBA 教育而言，它的主要作用是提升受教育者的人力资本。如果 MBA 教育赋予管理者的知识具有"公共资源"的特征，那么 MBA 教育对企业培育核心竞争力的作用是微乎其微的；反之，如果这种知识具有"默会知识"的特征，那么就相对难以模仿，能够为企业构建核心能力提供支持（Goodall，Warner & Lang，2004）。

在我国由计划经济向市场经济转型的过程中，MBA 教育具有一定的稀缺性和难以模仿性。至少在 1990 年代，与市场经济运行相关的一些知识是稀缺的。Björkman 和 Ingmar（1999）于 1996 年和 1997 年进行的调查表明，在中国，企业培训的重点仍然是技术而非软管理技能；现代管理更多地被理解为数量化的技术而不是思考和行动的方式；在当时的管理教育体系中，把管理看作一项工程的做法仍然很普遍（Björkman & Lu，1999）。在这种条件下，MBA 教育作为一种快餐式的教学方式（Goodall，Warner & Lang，2004）能够有效地帮助管理者掌握现代企业管理知识。然而同期 MBA 教育的供给却相对有限。一直到最近，进入国内著名高校攻读 MBA 的竞争仍然非常激烈。因此，企业对于接受了 MBA 教育的高管会尽可能保留和提供上升通道。

假设 1：拥有 MBA 学位的高管的离职率低于不拥有 MBA 学位的高管。

假设 2：拥有 MBA 学位的高管获得提升的可能性高于不拥有 MBA 学位的高管。

随着我国企业改革进程的推进，软管理理念和技能逐步得到了认可和重视。Warner（2003）指出，1990 年代后期以来，新一代的学生通过 MBA 教育或者本科商业教育而非党校学习来推动自身职业的发展。事实上，在过去十多年中，除了 2003 年和 2004 年，全国 MBA 报考人数不断增加。但是需要指出的是，虽然许多管理者储备好了进一步发展所需的知识，但是他们的发展受到诸多制度性因素的制约，特别是，雇佣他们的企业并不具备完全的用人自主权。Zhang 和 Parker（2002）研究发现，随着企业改革进程的推进，企业的用人自主权在提高。但是，这一进程的速度将取决于新的规范被制度化的程度以及管理者对新规范的认可和接受程度（Warner，2003），不同企业的发展表现出不平衡性。一些企业通过市场化的方式选择高管，面对比较大的候选人群体，对候选人实际管理理念和能力的强调甚于 MBA 教育本身，同时这些企业的高管也具有较大的流动性；另一些企业由控股股东采取行政任命的方式选择高管，在高管的选择、提升和解聘等方面具有有限的自主权，因而拥有 MBA 学位对他们而言具有很强的信号作用。

假设 3：企业选择高管方式的市场化程度越高，拥有 MBA 学位的高管离职率越高。

假设 4：企业选择高管方式的市场化程度越高，拥有 MBA 学位对高管提升的促进作用越小。

企业所有制是影响高管接受 MBA 教育与其离职和提升的关系的另一个重要因素。多项研究表明，所有制是影响我国企业人力资源管理自主权的重要因素（Warner，2003；Wong & Slater，2002；Zhang & Parker，2002）。在国有企业中，1992 年开始的人事制度改革逐步打破了"铁饭碗"制度，在管理者中引入了竞争机制，管理者的流动性和职业选择自主权得到了提高。在面临外部发展机会时，管理者"跳槽"的制度性障碍降低了。但是这一进程相对缓慢，Zhang 和 Parker 的调查表明，直到 1999 年，尽管有相当部分的国有企业进行了公司化改革，但是，"一般说来，公司化的和非公司化的国有企业在（聘用和解聘高管的）自主权方面的提高几乎没有什么差别"（Zhang & Parker，2002，pp. 103 ~ 104）。在管理者的职业发展方面，年龄、工龄、学历、专业背景等代表资历的因素在国有企业中也显得更为重要（Zhang & Parker, 2002）。相比较而言，非国有企业具有较大的用人自主权。

假设5：拥有 MBA 学位的高管的离职率在民营（控股）企业中高于国有（控股）企业。

假设6：拥有 MBA 学位的高管获得提升的可能性在民营（控股）企业中低于国有（控股）企业。

第二节　研究方法

一、样本和数据

本章对上述研究假设的检验以 1991～2005 年在沪、深两市发行 A 股的上市公司及其高管的相关数据为基础。之所以选择高管而非其它层级的管理人员作为样本，主要出于以下几方面的考虑：首先，在本章考察的时间段，特别是 2000 年以前，拥有 MBA 学位的管理者的比例很低，相对而言，拥有 MBA 学位的高管比例较高；其次，根据以往的研究，企业所有制等制度因素对高管聘任的影响要大于中低级管理者（Warner, 2003）；最后，有关高管接受 MBA 教育的情况的数据比较容易获得。本章中公司高管被界定为公司年度报告中包含的高管人员，在多数公司中涉及总经理（总裁）和副总经理（副总裁）两个层级，在部分企业中还包括总监级的管理人员。这种界定方法在国内外的同类研究中都曾被采用过，如魏立群和王智慧（2002）以及 Pitcher 和 Smith（2001）。

本章在数据准备过程中注意了以下三个问题：第一，上市公司高管及其所属企业的名录来源于两个独立数据库，即中国股票市场和会计研究数据库（CSMAR）与彭博资讯（Bloomberg）。如果两者记录的高管或企业名录存在差异，那么查询上市公司年报进行核实并作相应修改。第二，为了反映与企业和高管对应的变量值——如高管年龄和企业绩效——的年度变化，相关变量的值进行年度更新。因此，与每个高管每一年相对应的变量值被看作一个样本，比如，某高管的任职年限为 2000 年到 2003 年，那么样本集中与他对应的样本就有 4 个。第三，剔除异常样本，包括那些对自身参数和模型整体参数的估计具有重大影响的样本。前者通过计算剔除目标样本时变量参数估计值的变化

$(\hat{\beta} - \hat{\beta_j})$ 来识别，后者通过计算 l-max 统计量（l-max statistic）来识别。最终样本的这两个指标均小于 0.05。

二、变量描述

本章实证研究所涉及的因变量有两个：一是离职，二是提升。对于高管离职，一些文献区分了自愿离职和非自愿离职，如 Alexander et al.（1995），另一些文献则主张不应对两种离职加以区分，如 Godthelp & Glunk（2003）。本章认为接受 MBA 教育对两种形式的离职都有影响，因而对它们不加以区分。如果说某一高管发生了离职，那么他同时满足两个条件：（1）不再担任高管职务；（2）如果该高管不兼任所在公司董事或监事，那么他卸任后不转任董事或监事职务；如果该高管兼任所在公司董事或监事职务，那么他卸任高管职务后六个月内卸任董事或/和监事职务。某高管在考察年份的离职情况用一个虚拟变量进行测量，如果该高管在当年离职，那么相应的变量值为 1，否则为 0。

高管提升根据高管所担任的职位及相应的任期数据进行编码。高管按其担任的职位划分为三个层级：总经理（总裁）级、副总经理（副总裁）级和总监级。高管提升是指这两种现象：（1）总监级的高管被提升为副总经理或总经理；（2）副总经理级的高管被提升为总经理。某高管在考察年份的提升情况用一个虚拟变量进行测量，如果该高管在当年获得了提升，那么相应的虚拟变量值为 1，否则为 0。

在编码过程中也发现极个别高管的管理层级有下降的情况，考虑到这类案例数量极少，不会对本章的研究结论产生显著影响，而且降职也不是本章关注的问题，因此本章将降职视同没有发生高管离职或提升。

接受 MBA 教育情况用一个虚拟变量来表示，如果考察时点高管具有 MBA 学位，那么相应变量值为 1，否则为 0。

企业所有制。在 1991～2005 年这一时期中，我国企业的所有制类型可以划分为国有（控股）、民营（控股）、外资（中外合资、中外合作和外商独资）三类。本章的样本由沪、深两市的上市公司构成，对中国上市公司股权结构的研究发现，外资控股或是大股东的公司数量极少，占据主导地位的企业所有权类型是国有（控股）和民营（控股）两类。本章用一个虚拟变量来表征企业所有制，0 代表国有（控股），1 代表民营（控股）。

高管选择方式可以分为控股股东指派（行政机制）和聘用职业经理人

（市场机制）两种方式（张龙 & 刘洪，2006）。本章用两个指标测量高管选择方式的市场化程度：一是高管团队中职业经理人的比例。在一个企业中，这一比例越高，高管选择方式的市场化程度就越高；二是总经理（总裁）的选择方式。总经理是高管团队的核心人物，对企业的日常经营起着至关重要的作用，是否选择职业经理人担任这一职位是企业高管选择方式市场化程度的重要指标，如果企业总经理（总裁）为职业经理人，那么该指标值为 1，反之，如果总经理（总裁）由控股股东指派，那么该指标值为 0。计算 1991～2005 年历年 12 月 31 日样本企业高管团队中职业经理人的比例和总经理（总裁）的选择方式，进而验证高管选择方式的市场化程度的可靠性和有效性。表 5 - 1 报告了相关结果，从中可以看出，探索性因子分析表明，高管团队中职业经理人的比例和总经理选择方式的因子载荷都为 0.92，远远高于 0.70 的最低要求；对这两个条目的内部一致性分析（Cronbach α）也显示，它们的一致性程度很高。最后，将高管团队中职业经理人的比例和总经理选择方式分别进行标准化，得到标准值（Z score），高管选择方式的市场化程度的得分为两个指标标准值的简单平均数。

表 5 - 1　高管选择方式的市场化程度的可靠性和有效性验证的结果

条目	因子载荷
1. 高管团队中职业经理人的比例	0.92
2. 总经理选择方式	0.92
Cronbach α	0.82

说明：$N = 4611$

　　高管的年龄、高管团队规模以及公司绩效和所处行业作为控制变量纳入分析。其中，高管团队规模界定为高管团队包含的人数；公司绩效界定为企业权益回报率减去同期所在行业平均权益回报率；企业所处行业用一个虚拟变量表示，如果企业处于制造业，那么相应变量值为 0，否则为 1。行业的划分参照《上市公司行业分类指引》。

　　变量的类型和代码见表 5 - 2。

表 5-2　变量类型和代码一览表

变量	变量代码	测量时段/时点
因变量：		
高管离职	exit	当年
高管提升	promotion	当年
自变量：		
接受 MBA 教育情况	MBA	前一年 12 月 31 日
调节变量：		
企业所有制	ownership	当年
高管选择方式的市场化程度	marketization	当年
控制变量：		
高管年龄	age	当年
高管团队规模	teamSize	当年
企业绩效	adjROE	前一年
企业所处行业	industry	当年

三、参数估计方法

本章采用生存分析方法研究高管接受 MBA 教育情况对其离职和提升的影响。为了正确地设定模型，有必要明确以下两个问题：首先，已有的研究表明，高管离职率和任职时间具有相关性（Carroll & Harrison，1998），这是采用生存分析方法研究高管离职的前提条件（Hosmer & Lemeshow，1999）；其次，依据上市公司披露的高管任期信息可以确定考察时间内高管的离职和提升情况，这是采用生存分析方法的现实基础。

进行生存分析可采用的具体形式可以是非参数的、半参数的或参数的。其中，非参数方法不能用于构建多元模型；参数方法则需要明确设定生存函数的形式，而目前绝大多数和人有关的生存时间数据的应用分析中，解释变量和生存时间的关系仍然是未知的（Hosmer & Lemeshow，1999）。所以，比之于参数方法，使用非参数方法更加安全和有效。本章采用半参数性质的 Cox 风险模型来对高管离职问题进行研究，每个高管的任职时间服从如下风险函数（hazard function）：

$$h(t;Z) = h_0(t) \exp(\beta'Z)$$

其中，t 是任职时间，$h_0(t)$ 是潜在的基准风险模型，Z 是解释变量矩阵，β 是相应的系数矩阵。

本章对研究假设的检验采用比例风险模型（proportional hazards model）。比例风险假设可能并不对所有的样本成立，特别是，在不同的任职时间段上，协变量所遵循的比例关系有可能存在差异。更为安全可靠的做法是仅仅认为比例风险假设在局部任职时间段上成立。本章依据样本对应高管的任职时间将样本划分为 11 个不同层次（stratification），即 0 ~ 1 年、1 ~ 2 年、2 ~ 3 年、3 ~ 4 年、4 ~ 5 年、5 ~ 6 年、6 ~ 7 年、7 ~ 8 年、8 ~ 9 年、9 ~ 10 年和 10 年以上，划分的依据是使模型的拟合优度最好（以 – 2 Log Likelihood 作为依据）。然后采用 Wei, Lin & Weissfeld （1989）估计各层的协方差矩阵，各层协变量共同效应的估计采用稳健的 Lin 和 Wei （1989）方法（the robust sandwich estimate of Lin and Wei）。下文报告的假设检验结果均针对协变量的共同效应。采用 Lin 和 Wei （1989）方法的一个附带好处是在一定程度上克服了与同一高管对应的不同年份的样本之间不独立的缺点。

第三节　统计分析结果

1991 ~ 2005 年间样本公司共出现了 2627 个高管离职事件，其中拥有 MBA 学位的高管的离职事件数为 73 件，占高管离职事件总数的 2.8%；共出现了 400 个高管提升事件，其中拥有 MBA 学位的高管的提升事件数为 21 件，占高管提升事件总数的 5.3%。表 5 – 3 报告了研究中使用的变量的描述性统计数据和相关系数。样本高管年均离职率为 0.154，标准差为 0.361；非总经理层级高管获得提升的平均概率为 0.033，标准差为 0.179；历年拥有 MBA 学位的高管比例为 4.3%。

表 5 – 4 给出了高管接受 MBA 教育对其离职影响的指数风险模型估计结果。模型 1 – 3 的卡方似然比都在 0.001 的水平上显著，表明这三个模型对高管离职具有显著解释能力。模型 1 检验了接受 MBA 教育影响高管离职的主效应，结果表明，拥有 MBA 学位的高管的离职率显著低于不拥有 MBA 学位的高管，从而有力地支持了假设 1。模型 2 检验了假设 3，结果发现，企业选择高管方式的市场化程度越高，拥有 MBA 学位的高管离职率越高，这一结果有力

支持了假设 3。模型 3 检验了企业所有制和拥有 MBA 学位对高管离职率的交互效应，结果发现这一效应是微弱的，仅在 0.10 的水平上显著，因此，假设 5 勉强成立。

表 5 - 3　描述性统计数据和相关系数矩阵

变量	mean	s. d.	1	2	3	4	5	6	7	8
1. exit	0.154	0.361								
2. promotion	0.033	0.179	-0.077**							
3. age	45.381	7.403	0.105**	-0.055**						
4. teamSize	5.760	2.258	-0.004	-0.029**	-0.027**					
5. adjROE	0.010	0.199	-0.004	-0.001	-0.001	0.004				
6. industry	0.339	0.473	-0.017*	-0.008	-0.017*	-0.090**	0.000			
7. ownership	0.085	0.279	0.010	-0.003	-0.105**	-0.023**	0.009	0.042**		
8. marketization	0.009	0.916	-0.009	0.010	-0.003	0.090**	-0.006	-0.081**	-0.040**	
9. MBA	0.043	0.203	-0.033**	0.021*	-0.112**	-0.003	0.006	0.026**	0.021**	0.008

说明：（1）与变量 promotion 对应的样本量 $N = 13140$，与其他变量对应的样本量 $N = 16819$；

（2）$^+ p < 0.10$，$^* p < 0.05$，$^{**} p < 0.01$

表 5 - 4　高管接受 MBA 教育对其离职影响的指数风险模型估计结果

变量	模型 1	模型 2	模型 3
Age	0.238*** (0.021)	0.238*** (0.021)	0.237*** (0.021)
teamSize	0.015 (0.019)	0.015 (0.019)	0.016 (0.019)
adjROE	-0.277 (0.507)	-0.278 (0.510)	-0.277 (0.509)
Industry	-0.080* (0.042)	-0.078+ (0.042)	-0.079+ (0.042)
Period	0.113+ (0.070)	0.114+ (0.070)	0.112+ (0.069)
Ownership	0.155* (0.068)	0.153* (0.068)	0.136* (0.069)

续表

变量	模型 1	模型 2	模型 3
Marketization	− 0. 025 (0. 021)	− 0. 031 (0. 021)	− 0. 026 (0. 021)
MBA	− 0. 383 *** (0. 114)	− 0. 395 *** (0. 116)	− 0. 449 *** (0. 126)
marketization × MBA		0. 207 * (0. 105)	
ownership × MBA			0. 442 + (0. 255)
Likelihood-ratio chisquare	171. 724 ***	174. 074 ***	173. 531 ***

说明：（1） $N = 16819$ ，括号中数字为估计标准误（standard error）；

（2） $^+p < 0.10$ ； $^*p < 0.05$ ； $^{**}p < 0.01$ ； $^{***}p < 0.001$

表 5 - 5 给出了非总经理层级的高管接受 MBA 教育对其提升影响的指数风险模型估计结果。模型 4 ~ 6 的卡方似然比都在 0. 001 的水平上显著，表明这三个模型对高管提升具有显著的解释能力。模型 4 检验了接受 MBA 教育对高管提升影响的主效应，结果不显著，从而没有支持假设 2。模型 5 检验了假设 4，结果发现，企业选择高管方式的市场化程度对高管拥有 MBA 学位和获得提升的关系有反向的调节作用，从而有力支持了假设 4。模型 6 检验了企业所有制和拥有 MBA 学位对高管离提升的交互效应，结果发现这一效应不显著，从而没能支持假设 6。

表 5 - 5　高管接受 MBA 教育对其提升影响的指数风险模型估计结果

变量	模型 4	模型 5	模型 6
age	− 0. 315 *** (0. 054)	− 0. 317 *** (0. 054)	− 0. 315 *** (0. 054)
teamSize	− 0. 171 ** (0. 055)	− 0. 170 ** (0. 055)	− 0. 170 ** (0. 055)
adjROE	0. 009 (0. 014)	0. 009 (0. 014)	0. 009 (0. 014)
industry	− 0. 070 (0. 117)	− 0. 072 (0. 117)	− 0. 068 (0. 117)
period	0. 059 (0. 151)	0. 056 (0. 152)	0. 059 (0. 152)

续表

变量	模型 4	模型 5	模型 6
ownership	− 0.195 (0.205)	− 0.194 (0.204)	− 0.228 (0.213)
marketization	0.286*** (0.062)	0.308*** (0.064)	0.285*** (0.062)
MBA	− 0.118 (0.279)	− 0.028 (0.264)	0.166 (0.295)
marketization × MBA		− 0.414* (0.210)	
ownership × MBA			0.525 (0.806)
Likelihood-ratio chisquare	57.161***	59.179***	57.560***

说明：（1）$N = 13140$，括号中数字为估计标准误（standard error）；

（2）$^+ p < 0.10$；$^* p < 0.05$；$^{**} p < 0.01$；$^{***} p < 0.001$

第四节　讨论

　　尽管目前国内对 MBA 教育的批评主要集中在入学考试、教学方法、师资、案例、教材等方面，但是随着 MBA 毕业生规模的扩大，他们的职业前景将会成为新的关注焦点（Goodall，Warner & Lang，2004）。在欧美国家，过去十多年来 MBA 教育对经理人职业生涯发展是否具有积极影响备受质疑和争议（Yan，Zhao & Baron，2007）。本章的研究表明，在 1991～2005 年期间，接受 MBA 教育能够使高管拥有更高的雇佣安全，但是不足以使高管更容易到达管理金字塔的顶端。进一步的分析表明，MBA 学位对于不同层级高管的雇佣安全的影响是有差异的。基于总经理层级高管样本和非总经理层级高管样本分别对模型 1 进行回归表明：对于总经理层级的高管，接受 MBA 教育对其保留当前职位的正面影响并不十分显著（$\hat{\beta} = -0.383$，s.e. $= 0.211$，$p < 0.10$），而这一效应对于非总经理层级高管则非常显著（$\hat{\beta} = -0.405$，s.e. $= 0.136$，$p < 0.01$）。从资源基础理论的角度看，其原因可能有两个：第一，在本章考察的阶段，我国 MBA 教育的作用主要体现在传授通用性的管理知识，而非改变管理者的理念和行为，因此，管理者的层级越高，接受 MBA 教育的积极作用可能越弱；第二，就本章的样本而言，总经理层级高管拥有 MBA 学位比例显著

高于非总经理层级高管（$\chi^2 = 6.84$，$DF = 1$，$p < 0.01$），换句话说，对于总经理层级的高管来说，MBA 学位的稀缺性较低。

在 1991～2005 年期间，我国许多企业并不能完全自主地聘用管理人员，特别是高级管理人员，因此，在探讨高管接受 MBA 教育对其离职和提升的影响时，考虑一些政治、经济等方面的权变因素是有益的。在本章考察的两个权变因素中，企业选择高管方式的市场化程度显示出较强的解释能力，企业所有制对高管接受 MBA 教育与其离职关系具有一定的调节作用。随着我国企业改革进程的推进，企业将会逐渐按照市场规则进行人力资源决策。MBA 学位所具有的光环效应将会逐渐减弱，企业在招聘、保留和提升高管的决策中将会更加注重管理者实际的管理理念和技能。可以预料，这一进程对于中低级管理者将会更快。因为在过去十多年中，各种类型企业聘用中低级管理者的自主权已经得到了确认（Zhang & Parker，2002），这些管理者面临的制度性的流动障碍要比高管少得多。随着 MBA 毕业生群体规模的扩大，MBA 学位的作用将很可能体现在帮助 MBA 获得工作机会，而不足以保障其职业安全和获得提升。

针对当前有关 MBA 教育的讨论，本章基于资源基础理论，探讨了上个世纪 90 年代以来我国经济转型背景下企业高管接受 MBA 教育对其离职和提升的影响。实证分析表明，接受 MBA 教育有利于增强高管的职业安全，但是对其提升的作用不明显；上述关系也受到企业所有制和选择高管方式的市场化程度等权变因素的影响。在未来一段时间内，MBA 教育仍然会对管理者，特别是中低级管理者的职业生涯发展起到促进作用，但是企业将会越来越看重 MBA 学位背后管理者切实的管理理念和能力，而非 MBA 学位具有的光环。因此，MBA 教育的健康发展在一定程度上取决于它能否有效地变革学员的理念和行为，从而促进企业绩效。

第六章

高管团队人口特征差异影响高管离职的
实证分析[*]

第三章在 Hambrick & Mason（1984）模型和 Carpenter，Geletkanycz & Sanders（2004）模型的基础上，考虑中国经济转型和社会文化价值观的独特影响，构建了中国企业高管团队人口特征影响高管离职的模型，并提出了相关的研究假设。第四章分析了 1991～2005 年中国上市公司高管和高管团队人口特征的基本情况和演变趋势。这一章将主要在这两章研究的基础上，提出相关研究假设并进行实证检验。

第一节　理论发展和研究假设

这一部分采用 Schneider（1987）提出的"吸引—挑选—损耗理论"（attraction-selection-attrition，ASA）作为提出研究假设的依据。这一理论从演化视角阐述了组织同质化的动态机制。组织由人组成，不同的组织吸引、挑选和保留不同的人；"吸引—挑选—损耗"循环的结果决定了组织的结构以及组织成员的异同程度。某个企业之所以对员工有吸引力，是因为员工觉得企业特征与自身兴趣和个性具有匹配性。同样，如果员工觉得企业不适合他，他就可能离开企业。结果，留下来的员工就具有较高的相似性。因此，"相似的人更可能站在相似的地方"（Schneider，1987，p. 443）。组织是由目标驱动和引导的经济实体，它在挑选员工时总是要求员工在特定方面具有胜任能力，这客观上限制了员工的多样性。尽管组织为了生存和发展必然要招募多种类型的员工，但是他们通常必须具备某些共同点，比如，认同组织价值观。

---

[*] 本章有关任职时间差异的内容曾在学术会议（2009 International Conference on Engineering Management and Service Sciences）上进行交流。

在 Schneider 的"吸引—挑选—损耗理论"中，员工的相似性主要是从个性、兴趣等心理特征角度衡量的。由于个人的认知来自经验，包括培训和背景（Wiersema & Bantel，1992），因而人口特征反映了一个人认知水平的高下（Hambrick & Mason，1984）。Lawrence（1997）把人口特征研究称为"黑箱"研究，认为价值观、承诺感等心理变量在人口特征和组织产出之间扮演着调节变量或者中介变量的角色，它们对组织产出的关系在很多情况下是一致的。在实证研究中，一些学者甚至直接用人口特征变量作为心理变量的代理变量，比如，Detta 等（2003）采用年龄、服务时间和教育水平三个变量来测量首席执行官的开放程度（openness）。事实上，在企业招聘员工时，年龄、性别、教育水平和专业以及从业经验等人口特征变量是普遍采用的甄别标准。

当高管团队的成员具有不同的人口特征时，他们可能对同一问题具有不同的看法（Wiersema & Bantel，1992），比如，各种方案的优劣和可能的结果。观点的异同是人际互动中自我分类过程的重要驱动因素（Turner et al.，1987）。在问题的讨论和解决过程中，持有相近观点的高管无疑是相互支持的。比之于观点迥异的人，他们更加容易相互认同。如果这种认同过程反复出现，那么高管之间会相互吸引，逐步产生好感（Byrne，1971）。随着时间的推移，每个高管周围的同事逐步分化为"内群体"和"外群体"。不同小群体的成员比同一小群体的成员要难以沟通（McCain，O'Reilly & Pfeffer，1983），也更加容易发生冲突和权力斗争（Pfeffer，1983）。Wiersema & Bird（1993）指出，人口特征的差异为组织政治提供了温床，高管团队内的小群体如果相对力量不均衡，那么力量强的一方就容易操纵组织过程；如果双方力量均衡，那么操纵行为就较难出现。比如，如果学历低的高管占据了主导地位，那么学历高的高管可能受到排挤，容易离职。

上述社会过程虽然是在西方背景下发展出来的，但是它们同样适用于中国人群。Farh 等对一系列相关研究进行分析后指出，"西方绝大多数的人际吸引模型适用于中国人。总而言之，研究证据表明，在中国背景下，社会认同和分类过程影响人际关系。……所以，我们有理由认为，在中国的工作环境中，人口特征相似性影响人际关系"（Farh et al.，1998，p. 473）。但是，有必要指出，中国目前正处于经济转型过程中，一些独特的因素可能阻碍了"吸引—挑选—损耗"循环，比如，相当比例的国有控股企业通过行政任命的方式——而非市场机制——确定总经理。我们将在下文考虑这些因素的影响。

这一章选取五个人口特征属性进行研究，即年龄、任职时间、受教育专业、来源和选择方式。选择这些人口特征属性出于以下几点考虑：第一，高管年龄和任职时间具有互补性。前者反映了工作之外的经验和经历，后者则和本职工作紧密相关；而且它们都很重要，影响高管间的沟通模式和高管团队内小群体的形成（Wagner，Pfeffer & O'Reilly，1984）。第二，高管受教育专业、来源和选择方式是中国背景下表征高管差异的良好指标。就受教育专业而言，文科和理科的划分在中国由来已久，重理轻文的观念和做法直到最近几年才得到纠正和改善。来源和选择方式的重要性在于当前中国许多企业存在"一股独大"的现象，高管的来源和选择方式的不同意味着高管在认知基础、资源获取、权力基础等方面存在差异。在此基础上，本章将分析中国背景下的特有的几个调节变量如何影响高管团队人口特征和高管离职的关系。这些调节变量处于两个不同层面：首先是宏观层面的调节变量，即时间（企业改革进程）；其次是企业层面的调节变量，包括企业所有制和高管聘用的市场化程度。

一、高管人口特征差异对高管离职的影响

（一）年龄差异

年龄是一个非常重要的人口特征变量，因为它影响一个人在当前组织外获取的经验（Ryder，1965）。这些经验影响他对工作之外的一些问题的态度和价值观，比如，年老的管理者更加保守，更加看重稳定，而年轻的管理者具有更多的新鲜思想，更加敢于冒险。具有相似年龄的高管容易具有共同的语言，分享相似的经历。相反，年龄差异大的高管很难找到共同语言，因而也就难以真心实意地接纳对方。因此，年龄相似通常是小群体（cohort）的重要特征（Ryder，1965）。Pelled 等（1996）发现，高管团队内年龄多样性程度越高，情感冲突就越容易发生。因此，如果某个高管和其他高管在年龄上差异较大，那么他离职的几率就会较高。这在以美国和日本企业高管为研究对象的文献中得到了证实（Wagner，Pfeffer & O'Reilly，1984；Wiersema & Bird，1993）。

在中国，年龄对个人认知基础的影响由于一些特殊的历史事件而变得尤为明显。在今天的中国企业中，相当部分的高管经历过上山下乡、"文化大革命"等一系列的历史事件，并且完整经历了上个世纪 70 年代末开始的改革开放；另一部分生于上个世纪 70 年代之后的年轻高管，他们则对改革开放前的事情没有深刻的记忆。社会变革必然在人们的内心留下了深深的印记。比如，Wong & Slater（2002）对中国管理者的研究发现，中国管理者，特别是那些经

历过政治动荡和经济崩溃的管理者，特别强烈地认为高收入非常重要。由于这些特殊的经历，中国企业中年龄相似的高管很容易在感情上产生共鸣，而年龄相差大的高管极有可能在价值观和信仰方面存在很大的不同。以年龄为分界线的小群体之间存在的"代沟"将阻碍双方的沟通、接纳和合作。处于从属地位的小群体中的高管将更有可能离开企业。

假设1：高管与团队其他成员的年龄差异对其离职具有正向作用。

（二）任职时间差异

高管任职时间反映了不同高管在同一个团队或群体中共事时间的长短。这一人口特征之所以重要，是因为它影响团队成员沟通模式的发展和共同价值观的形成（Ryder，1965）。Wagner等指出，"沟通模式的发展受到组织内多种因素的驱动，比如，获取与任务相关的建议或支持，获取社会和情感支持，获取信息，发出指示或实施控制等等。沟通模式一旦形成就不会轻易改变，除非任务的要求发生了变化或者使用沟通渠道的成本有所上升"（Wagner, Pfeffer & O'Reilly，1984，p. 76）。高管团队经过一段时间的磨合和发展，每个成员都会建立起相对稳定的沟通网络。新任高管面临着建立自己的沟通网络的任务，比之于任职时间较长的高管，他们更加愿意在这上面投入时间和精力。因此，相近时间受聘的高管更乐意进行沟通。Katz（1982）对项目团队的研究表明，沟通行为的差异和项目团队的成立时间的相关性要高于它和团队成员在企业工作时间的相关性。高管团队也是如此，担任高管时间相近的高管的信息网络重叠程度更高。

高管任职时间也影响高管的认知基础和价值观。比如，任职时间长的高管通常对公司的既有战略有较高的承诺感，认为自己的使命是维持公司战略的延续性，而非推动变革；而新任高管则具有更强的变革动机。任职时间相近的高管由于两方面的原因更可能具有相似的认知基础和价值观。其一，他们之间的互动频率更高，因而更可能对组织的运作方式形成一致看法；其二，他们之间沟通更频繁，社会整合程度更高，凝聚力更强，因而更可能"顺从"（conform）同一小群体内的成员（Wagner, Pfeffer & O'Reilly，1984）。在一个高管团队内，高管感知到的群体凝聚力越强，他就越觉得自己是群体不可分割的组成部分，因而也就越愿意留在群体中。相反，任职时间与其他成员相差很大的高管的离职率会较高。

任职时间影响高管离职，这在国外的一些研究中得到了证实。McCain 等（1983）研究了某大学中的 32 个系，他们发现离职率高的系具有如下特征：年龄相近的职员之间具有较高的任职时间差异，并且相当比例的老职员形成了主导性的小群体。他们认为，在存在派系的系中，任职时间差异是导致离职的一个重要原因。Wagner 等（1984）则发现，年老的经理如果在任职时间上与其他高管相差较大，而且企业绩效不好，那么他离开公司的可能性就较大。但是，Wiserma & Bird（1993）对日本企业的研究没有为上述命题提供有力支持。

在中国企业的高管团队中，任职时间差异对人际互动的影响集中体现在"关系"上。许多研究中国社会关系的学者，比如 Farh 等（1998），发现和西方人相比，中国人更喜欢把人划分为不同的类别，区别对待。关系是将人分类的一个重要标准。在同一个高管团队中，尽管所有高管具有同一类别的关系即同事，但是不同高管之间关系的质量并不相同。在中国文化背景下，关系对（guanxi dyads）是关系网的基本单元。同一关系网中，不同关系对的质量可能存在很大的差别。高质量的关系意味着互相信任、有同感。关系质量的提高通常依靠各种人际互动，如动态互惠、主动披露信息以及利益交换的长期平衡（Chen & Chen，2004）。正如上文所阐述的，任职时间相同或相近的高管互动频率更高，交流更多，因而比之于任职时间相差较大的高管而言，他们之间关系的质量更高。另外，同时成为高管可能也是高管建立良好关系的一个基础。在中国几千年的封建科举制度下，"同年"一直在进士、举人的互动中扮演着特殊的角色；今天，同时担任高级管理职位同样意味着高管具有某种相同或相似的社会身份。关系质量是中国人划分"内群体"和"外群体"的重要依据。中国人对待内群体和外群体中的人的态度和方法是不一样的。比如，在内群体中，避免冲突的做法受到鼓励；而对于外群体中的人，人们更可能选择直接解决冲突。

在高管团队中，关系或多或少具有工具性特征。由于在未来的某个时候存在合作的可能性，因而高管在处理团队内的关系时总是会遵循"和为贵"的原则，但是双方关系中"工具性"成分和"情感性"成分的相对比例决定了冲突处理的策略。Brew & David（2004）指出，如果"工具性"特征占主导地位，那么人际关系的处理以实现表面和谐为主要目的，其本质是对自身利益的关注；如果"工具性"成分和"情感性"成分并重，那么双方会含蓄或礼貌地表达真实想法，其本质是兼顾双方利益。上面提到，任职时间相同或相似的高管沟通更频繁，社会整合程度更高，凝聚力更强，因而在关系构建过程中更可能形成情感诉求。相反，任职时间差异大的高管之间的关系更正式，互动多由任务产生。由于他们之间的关系相当重要，因此都不愿意公开表达不同意见。这导致双方无法了解对方的真实意图，因而也就难以找到共同的合作基础。双方满足于表面的和谐，但是私底下追求自己的目标（Leung, Koch & Lu, 2002）。久而久之，冲突规避行为通常导致双方在处理差异或分歧时非常被动，或者缺乏说服和沟通技巧（Leung, Koch & Lu, 2002），或者进一步强化重在改善关系但是忽视实质性问题的沟通行为和倾向（Gao, 1998）。最终，对表面和谐的追求不是导致差异的缩小，而是分歧的扩大。

假设2：高管与团队其他成员的任职时间差异对其离职具有正向作用。

（三）受教育专业差异

对受教育专业的选择反映了个体的认知风格和个性，而专业学习又会塑造一个人看问题的态度和视角。比如，Wiersema & Bantel（1992）认为，与文科、商科和法律出身的人相比，理工科出身的人更加关注进展、发明和改进，他们研究发现，理工科出身的高管占多数的高管团队更倾向于进行战略变革。受教育专业也影响着个人的职业取向，和一个人整个职业生涯的工作经历有很大关系。比如，理工科出身的人更可能从事研发工作，商科出身的人更可能从事营销、财务等工作。

高管团队内受教育专业的差异表征着高管在个性、认知风格乃至工作经历等方面存在差异。高管团队受教育专业的多样化对高管团队的运作具有两方面截然不同的影响：一方面，高管团队能够从多样化的观点和视角中受益，比如，高管团队受教育专业多样化程度越高，高管团队对竞争行为的感知越灵敏，因而对竞争行为做出反应的倾向较强（Hambrick, Cho & Chen, 1996）；另一方面，受教育专业差异大的高管团队更可能由于意见相左而发生冲突，影响高管团队的稳定。就高管团队受教育专业多样化对高管离职的影响而言，目前的研究得到的结论并没有对这一关系提供有力支持，Carpenter & Fredrickson（2001）和 Wiersema & Bantel（1993）的研究都没有发现高管团队受教育专业多样化对高管离职显著相关。

在中国，把专业划分为文科和理科并区别对待的做法由来已久。1949年新中国成立后，为了打破西方国家的封锁，获得经济和技术上的独立，理工科专业的发展得到了极大的鼓励；相反，人文社科学科则被大大忽略了。直到最近，上至国家领导人，下至大中型企业的高级管理者，理工科出身的仍然占据着主导地位。Björkman & Ingmar（1999）认为，在中国，现代管理更多地被理解为数量化的技术而不是思考和行动的方式，把管理看作一项工程的做法仍然很普遍。招聘合适的管理人员是在华外企面临的首要问题，应聘者通常受过相关的技术教育，但是懂得财务和人力资源又具有丰富经验的人特别缺乏。这种状况直到上个世纪90年代后期，特别是2000年以来才逐步受到重视并得到改善。工商管理硕士教育在中国兴起，软管理技术受到了空前的欢迎。新一代的管理者通过获取工商管理硕士学位而非参加党校培训来推动自身职业发展（Warner，2003）。许多企业的高级管理者也通过学习经济、管理课程来更新知识，提高管理水平。那些掌握技术，同时又具有丰富的现代管理知识的管理者，获得提升的机会较多；如果在可预见的时间内无法获得提升，他们倾向于离开当前企业，到其他组织寻找新的发展机会。

假设3：高管与团队其他成员的受教育专业差异对其离职具有正向作用。

（四）来源差异

高管按照来源可分为来自公司内部和公司外部。如果高管任现职前在同一公司任职，那么他就属于内部提升的高管，否则就是外部聘用的高管。高管来源在国内外都是广受关注的问题，如朱红军（2002）、宋德舜和宋逢明（2005）和Tushman & Rosenkopf（1996）。

自上个世纪90年代中期引入现代企业制度以来，越来越多的企业高管来自企业外部。从企业外部聘用高管拓宽了高管的选择面，通常使高管团队人口特征差异扩大。张龙和刘洪（2006）认为，内部提升和外部聘用的经营者存在较大差异，主要体现在以下几方面：

第一，变革动机。内部提升者的经营思想通常与其前任一脉相承，对公司的既有战略有较高的承诺感，认为自己的使命是维持公司战略的延续性，而非推动变革；外部聘用者则很可能具有新鲜的经营思想和推动公司变革的动机。

第二，内部资源的整合。要想有效推动变革，外部聘用的经营者面临两大挑战：一是获取管理层的信任和支持，公司内原有的高级管理者可能墨守成规，抵制组织变革行为；二是快速习得公司专用性技能，这一点由于两方面的因素而具有很强的挑战性：一方面是财务压力的影响，Shen（2003）发现，新任经营者往往面临短期财务压力，需要在短期内采取行动提高公司绩效，这要求他深刻理解公司的内部运作和外部环境；但是另一方面，由于他来自于公司外部，因而缺乏公司专用知识和技能（Castanias & Helfat，1991）。

第三，外部资源的获取。Shen 和 Cannella（2002b）指出，内部提升的经营者的网络资源常常局限于公司内部，限制了公司获取外部资源，而外部聘用者则在社会资源的调用上拥有一定优势。

第四，监督和控制。宋德舜和宋逢明（2005）以及 Shen（2003）认为，内部提升的经营者通常和公司管理层建立了良好的关系，具有较强的权力基础，难以监督和控制。

假设4：高管与团队其他成员的来源差异对其离职具有正向作用。

（五）选择方式差异

高管按照选择方式可分为由控股股东指派和聘用职业经理人。如果高管任现职前在本公司的控股股东担任董事、监事或高管职务，那么视其由控股股东指派，否则视其为职业经理人（张龙和刘洪，2006）。对高管选择方式的重视是中国特有的情况，由于一股独大是中国企业中普遍存在的现象，高管选择方式在很大程度上反映着企业是采用行政方式，还是市场方式聘任高管。

从二十世纪90年代中期引入现代企业制度以来，中国企业选择高管的方式出现了明显的转变，越来越多的企业逐步由被动接受控股股东指派经理人转向聘用职业经理人，这一点在上市公司聘用经营者方面非常明显（张龙 & 刘洪，2006）。聘用职业经理人担任经营者通常反映了控股股东提高企业管理水平、推动变革的意愿，因而可以预料，新任经营者会与其前任和原来的高管团队具有较大差别（Hambrick & Fukotomi，1991）。

在中国企业的转型过程中，高管的选择方式是高管差异的良好指标。以不同方式选择的经营者也具有不同的特点：

第一，对任职企业的承诺感。陈冬华等（2005）认为，控股股东指派的经营者通常隶属于控股公司，其收入和职业发展取决于他在控股公司所处的层级及其对控股公司政策的执行状况；他所面对的目标往往是多元化的，而非仅仅是企业价值最大化。这种情况在国有控股股东指派的经营者身上表现得尤为明显（宋德舜和宋逢明，2005）。而职业经理人的收入和职业发展则与任职企业不可分割（Wiersema & Gomez-Mejia，1998），因而他对所在企业具有较高的承诺感。

第二，董事会的支持。Shen（2003）指出，董事会对新任经营者的信任和支持是后者改善公司绩效不可或缺的保证。控股股东指派的经营者具有合法的权力来源，对董事会具有较强的影响力，容易获得董事会的信任与支持，有条件专注于公司长期绩效。职业经理人的威信和权力需要通过未来的公司业绩来确认及合法化，因此，他在担任经营者的初期通常面临较高的短期财务压力，关注短期绩效胜过长期绩效。

第三，外部资源的获取。外部资源和机会对目前我国企业的发展有很大的影响。控股股东指派的经营者和职业经理人出身的经营者在这方面有不同的优势，比如，前者和控股股东联系较为紧密，更容易获得公司发展所需的政策优惠，后者中相当数量的人有担任外资机构高级管理人员的经历，获取境外资源的经验更为丰富。

上述分析表明，控股股东指派的和职业经理人出身的高管存在很大的差异。由此本章提出如下假设：

假设5：高管与团队其他成员的选择方式差异对其离职具有正向作用。

二、中国背景下的几个调节变量的作用

（一）时间（企业改革进程）

由于企业聘用高管的自主权有了很大提高，同时"铁饭碗"制度逐步解体，因此高管团队多样性对高管离职产生影响的制度性约束减弱了。由此我们提出如下假设：

假设6：从上个世纪90年代到本世纪初，高管与团队其他成员的人口特征差异对高管离职的作用有了提高。

（二）企业所有制

在过去的十多年里，尽管中国企业高管层在企业经营和人力资源管理方面获得了一定的自主权，但是毋庸置疑，这一进程仍然处于不断发展中，不同企业在高管任免方面所具有的自主权也存在很大的差别。高管团队多样性在高管离职和提升中的影响受到许多因素的制约，企业所有制是其中非常重要和明显的一个。中国经济改革的一个突出特征是民营经济成为一种越来越重要的所有

制形式。所有制的差别是许多企业间差别的重要来源，如结构（Schlevogt，2001）和人力资源管理实践（Wong & Slater，2002）。

按照所有制类别，我国的企业可以分为国有（控股）企业、民营企业和外资企业（包括中外合资企业、中外合作企业和外商独资企业）。其中外资企业在企业文化、人力资源管理实践等方面在一定程度上与其外资母公司趋同（Warner，2003；Zhang & Parker，2002），本章不加以研究。在国有（控股）企业、民营企业这两类性质迥异的企业中，高管团队多样性对高管相互吸引和自我分类过程的影响存在差异，进而作用于高管离职的机制也有所不同。我们认为，在民营企业中，高管团队多样性对高管离职和提升的影响更为显著。其原因有如下几点：

首先，民营企业在聘用和解聘高管方面不面临制度约束，因而比国有企业具有更大的自由度。

其次，民营企业的集权程度要高于国有（控股）企业（Schlevogt，2001）。文献显示，民营企业的权力集中在专制的企业家手里，通常他既是企业的实际管理者，又是企业所有者（Kao，1993）；相反，在国有（控股）企业中，权力相对分散。Schlevogt（2001）发现，民营企业之所以和国有（控股）企业在集权程度上有很大的差异，是因为中国民营企业特别强调家族所有，为了实现这一点，中国企业家宁愿把企业限制在较小规模（Schlevogt，2001）。

再次，民营企业比国有（控股）企业更加重视资历和忠诚（Schlevogt，2001）。民营企业专业化程度低，缺少整合机制和正式的组织架构。企业家通常依赖个人影响和信任，而非正式规则来控制高管。Chattopadhyay 等（2004）指出，和相似的人交往有利于降低不确定性。如果企业文化对一致性的要求非常强烈，那么即使是在环境复杂、经营压力增加的情况下，高管团队仍然会强调同质性，而非多样化（Boone et al.，2004）。企业家常常利用私人关系寻找和聘用价值观、人口特征相似的人来担任高管，并通过建立长期的合作关系来促进相互信任和降低不确定性，这使高管团队内人口特征差异较小，同时企业家对高管团队内的差异更加敏感。相反，在国有企业中，改革的推进大大拓宽了选择高管的范围，高管团队趋于多样化，高管对内部差异性的敏感性反而有所下降。

最后，国有（控股）企业的经营者更加强调集体主义。无论在哪种所有权性质的企业中，和团队成员的关系都很重要，但是，在国有（控股）企业中，高管重视的是党员身份和与其他党员的关系；在民营企业中，受到重视的则是以家族纽带为基础的关系（Schlevogt，2001）。

假设7：高管与团队其他成员的人口特征差异对高管离职的作用在民营（控股）企业中比在国有（控股）企业中更加显著。

（三）高管选择方式市场化程度

企业任免高管的市场化程度越高，高管团队多样性作用于高管离职的自由度越大；相反，如果企业沿袭行政方式任免高管，那么高管团队多样性对于高管离职的影响将会比较小。因而我们提出如下假设：

假设8：高管选择方式市场化程度越高，高管与团队其他成员的人口特征差异对高管离职的作用越明显。

第二节　研究方法

一、样本和数据

样本和数据的来源参看本书第四章第二节。一个高管在一个考察年份对应的变量值形成一个样本或观测值（observation）。在对研究假设进行检验之前，我们对数据作了进一步检查，主要做了两方面的工作：第一，剔除存在变量值缺失问题的样本。除了数据来源本身存在数据缺失外，本章的研究设计是导致数据缺失的主要原因。首先，目标高管与其他高管的人口特征差异在研究中被当作前导变量，提前期为1年，某一年的新任高管缺失这些人口特征变量；其次，企业绩效也被当作前导变量，由于难以获取企业在上市前一年的绩效指标，相应企业的高管在这些指标上缺失。第二，识别异常值（outlier），包括那些对自身参数和模型整体参数的估计具有重大影响的样本。在识别前一种异常值时，我们计算了当剔除目标样本时变量参数估计的变化 $(\hat{\beta} - \hat{\beta}_i)$，然后观察相应散点图识别离群样本；对于后一种异常值，我们计算了似然替代统计量（the likelihood displacement statistic）和l-max统计量（l-max statistic），同样用散点图来帮助识别异常样本。共识别了19个异常样本，剩余样本的似然替代统计量和l-max统计量均小于0.05。另外，我们也剔除了以下两类样本：一是异常样本所涉及高管的其他历年样本，共 36 个；二是金融行业的所有样本，共 172 个，这样做一是考虑到金融行业本身具有较高的特异性，二是在剔除异常样本后，金融行业事实上已不包含高管离职事件。完成上述检查工作后，我们得到 16819 个样本，其中总经理（总裁）层级高管样本 3217 个，其他层级高管样本 13602 个。

二、测量方法

（一）因变量

本章实证研究所涉及的因变量是高管离职。离职是组织人口特征研究中最为常见的组织产出变量之一。对于高管离职，一些文献区分了自愿离职和非自愿离职，如 Alexander et al.（1995）；另一些文献则主张不应对两种离职加以区分，如 Godthelp & Glunk（2003）。本章认为高管团队人口特征差异对两种形式的离职都有影响，因而没有剔除任何一种离职形式。如果说某一高管发生了离职，那么他同时满足两个条件：（1）不再担任高管职务；（2）如果该高管不兼任所在公司董事或/和监事，那么他卸任后不转任董事或/和监事职务；如果该高管兼任所在公司董事或/和监事职务，那么他卸任高管职务后六个月内卸任董事或/和监事职务。某高管在考察年份的离职情况用一个虚拟变量进行测量，如果该高管在当年离职，那么相应的虚拟变量值为 1，否则为 0。

（二）自变量

高管团队人口特征多样性既可以用成分型人口特征变量进行刻画，也可以从关系型人口特征变量进行描述。结合两者特点和假设检验的需要，我们认为采用关系型人口特征变量来解释高管离职较为合适。

需要说明的是，第四章针对八个人口特征变量进行了研究，使读者对沪、深上市公司高管和高管团队的人口特征情况有了基本了解。这一章考虑到实证研究的简洁性，对研究假设的检验仅涉及其中的五个，包括高管年龄、任职时间、受教育专业、来源和选择方式。

关系型人口特征测量高管团队内特定高管与其他高管在人口特征上的差异。与成分型人口特征的测量类似，关系型人口特征测量方法也因数据类型存在差异。对于高管年龄和任职时间这两个定比性质的人口特征数据，本章采用欧拉距离测量特定高管与其他高管的差异，即：

$$D = \left[\sum_{j \neq i} \frac{(S_i - S_j)^2}{n - 1} \right]^{1/2}$$

其中，S_i 表示所关注高管的年龄或任职时间，S_j 表示同一团队内的其它高管的年龄或任职时间，n 表示高管团队规模。对于受教育专业、来源和选择方式这三个定类或定序性质的人口特征数据，本章采布劳指数测量特定高管与其他高管的差异，即：

$$B = 1 - (P_i)^2$$

其中，P_i 表示高管团队内人口特征变量值与所关注的高管相同的高管所占的比例。

分别将高管与团队成员在年龄、任职时间、受教育专业、来源和选择方式上的差异标准化，然后简单平均得到高管与团队成员的人口特征差异这一综合指标。

所有自变量的测量时点均为前一年的 12 月 31 日。

（三）调节变量

时间（企业改革进程）。用一个虚拟变量测量。1991 ~ 2005 年共包含 15 个年份，为了对研究假设进行检验，本章以 1999 年为分界点把这个时间段划分为前后两个部分，即 1999 年以前时间变量的值为 0，1999 年及以后年份该变量值为 1。分界点的选取依据主要是相应变量界定条件下模型的拟合程度的优劣。本章尝试把分界点确定为 1996 ~ 2000 年中的任何一年，结果发现，当分界点为 1999 年时，模型的拟合程度最佳。

企业所有制。在 1991 ~ 2005 年期间，我国企业的所有制类型可以划分为国有（控股）、民营、外资（中外合资、中外合作和外商独资）三类。本章的样本由沪、深两市的上市公司构成，对中国上市公司股权结构的研究发现，外资股份控股或是大股东的公司数量极少，占据主导地位的企业所有权类型是国有（控股）和民营（控股）两类。本章用一个虚拟变量来表征企业所有制，0 代表国有（控股），1 代表民营（控股）。

高管选择方式的市场化程度。本章从两个角度对这一变量进行测量：首先是高管团队中职业经理人的比例。在一个企业中，这一比例越高，相应地，控股股东指派的高管所占的比例越低，那么该企业高管选择方式的市场化程度就越高。其次是总经理（总裁）的选择方式。总经理是高管团队的核心人物，对企业的日常经营起着至关重要的作用，是否选择职业经理人担任这一职位是企业高管选择方式市场化程度的重要指标。如果企业总经理（总裁）为职业经理人，那么该指标值为 1，反之，如果总经理（总裁）由控股股东指派，那么该指标值为0。计算1991～2005年历年12月31日样本企业高管团队中职业经理人所占比例和总经理（总裁）的选择方式，进而验证高管选择方式的市场化程度的可靠性和有效性。表6-1报告了相关结果，从中可以看出，探索性因子分析表明，高管团队中职业经理人的比例和总经理选择方式的因子载荷都为0.92，远远高于0.70的最低要求；对这两个条目的内部一致性分析（Cronbach α）也显示，高管选择方式市场化程度的信度较高。最后，将高管团队中职业经理人的比例和总经理选择方式分别进行标准化，得到标准值（Z score），高管选择方式的市场化程度的得分为两个条目标准值的平均数。

表6-1　高管选择方式市场化程度的可靠性和有效性验证的结果

条目	因子载荷
1. 高管团队中职业经理人的比例	0.92
2. 总经理选择方式	0.92
Cronbach α	0.82

说明：$N = 4611$

（四）控制变量

年龄。年龄也可能影响高管离职。随着高管年龄的增长，他离开企业的可能性也随之发生变化，但是，相关研究的结论并不一致，比如，Elvira（2001）发现两者是负相关的（Elvira & Cohen，2001），而Godthelp & Glunk（2003）发现两者是正相关的（Godthelp & Glunk，2003）。在高管团队层面上，已有文献对高管平均年龄和高管团队离职率的关系也存在不同看法，比如，Wiersema & Bird（1993）对日本企业的研究表明两者是负相关的（Wiersema & Bird，1993），但是Godthelp & Glunk（2003）对荷兰企业的研究没有发现两者具有显著相关关系（Godthelp & Glunk，2003）。高管年龄的测量方法参看表4-1。

高管任职时间。研究发现，员工任职时间对其离职可能性具有负面影响（Elvira & Cohen，2001），高管团队的平均任职时间与离职率也是负相关的（Wiersema & Bantel，1993）。高管任职时间的测量方法参看表4-1。

接受MBA教育情况用一个虚拟变量来表示，如果考察时点高管具有MBA学位，那么相应变量值为1，否则为0。

　　高管团队规模。高管团队规模定义为团队中包含的高管的人数。以前的研究发现，规模大的团队比规模小的团队更可能发生冲突（Amason & Sapienza，1997），碰到沟通和协调问题（Shaw，1976）。这些问题可能进一步影响高管离职。因此，一些探讨高管离职的文献控制了高管团队规模（Boeker，1992；Godthelp & Glunk，2003）。

　　企业绩效。企业绩效操作化定义为前一年考虑行业影响的企业权益回报率，计算方法是企业权益回报率（ROE）减去同期所在行业（指《上市公司行业分类指引》中的行业门类）的企业平均权益回报率。这样，企业绩效的测量就克服了行业的影响，提高了不同行业企业绩效的可比性。早期的一些研究发现，企业绩效和高管离职显著相关，如 Allen 等（1979）（Allen，Panian & Lotz，1979），而近期的多数研究则没有发现这一关系，如 Godthelp & Glunk（2003）和 Wiersema & Bird（1993）。

　　企业所处行业。行业特征可能是影响高管和高管团队特征以及高管离职情况的重要因素。比如，信息技术企业的高管在总体上要比钢铁制造业的高管年轻，信息技术企业高管流动率更高。根据《上市公司行业分类指引》，本章样本企业涉及 13 个门类（参看表 4-3）。考虑到研究的简约性，本章在实证研究中把企业所处行业分为两类，即制造业和非制造业，用一个虚拟变量测量，如果企业属于制造业，那么相应变量值为 0，否则为 1。

　　变量类型、代码和操作化定义一览表参看表 6-2。

表 6-2　变量类型、代码和测量方法一览表

变量	变量代码	操作化定义	测量时段/时点
因变量			
高管离职	exeExit	0-1 变量，如果该高管在当年离职，那么相应的变量值为 1，否则为 0	当年
自变量			
高管与团队成员的人口特征差异	demographic-Distance	分别将高管与团队成员在年龄、任职时间、受教育专业、来源和选择方式上的差异标准化，然后简单平均得到高管与团队成员的人口特征差异指标值	前一年 12 月 31 日
年龄差异	ageDistance	高管与团队内其他高管年龄的欧拉距离	前一年 12 月 31 日
任职时间差异	tenureDistance	高管与团队内其他高管任职时间的欧拉距离	前一年 12 月 31 日

变量	变量代码	操作化定义	测量时段/时点
受教育专业差异	curriculumBlau	高管与团队内其他高管受教育专业差异的布劳指数	前一年 12 月 31 日
来源差异	originBlau	高管与团队内其他高管来源差异的布劳指数	前一年 12 月 31 日
选择方式差异	selectionBlau	高管与团队内其他高管选择方式差异的布劳指数	前一年 12 月 31 日
调节变量			
时间（企业改革进程）	period	虚拟变量，1999 年以前变量值为 0，1999 年及以后年份该变量值为 1	当年
企业所有制	ownership	虚拟变量，0 代表国有控股，1 代表民营控股	当年
高管选择方式的市场化程度	marketization	将高管团队中职业经理人的比例和总经理选择方式分别进行标准化，得到标准值，高管选择方式的市场化程度的得分为两条目标准值的平均数	当年
控制变量			
高管年龄	age	高管的年龄	当年
高管任职时间	tenure	高管在本企业担任高管职务的时间	当年 12 月 31 日
接受 MBA 教育情况	MBA	高管是否拥有 MBA 学位	当年
高管团队规模	teamSize	高管团队包含的高管人数	当年
企业绩效	adjROE	企业权益回报率减去同期所在行业的企业平均权益回报率	前一年
企业所处行业	industry	虚拟变量，如果企业属于制造业，那么相应变量值为 0，否则为 1	当年

三、数据分析方法

本章在高管个体层面上对高管离职进行建模。依据高管的任职时间资料能够确定考察期内的各个时点上高管是否离职，因而本章能够采用生存分析方法就人口特征差异对高管离职的影响建立模型。为了正确地设定模型，有必要明确以下几个问题。首先，已有的文献表明，离职率和任职时间（tenure）具有相关性（Sorensen & Tuma, 1981）。这一发现是采用生存分析方法研究高管离职的前提条件。Kaplan & Meier（1958）提出的非参数性质的乘积极限估计量

（nonparametric product limit estimator）不依赖任何对任职时间和离职概率关系的函数形式的假设，它把离职概率看作任职时间的函数，在进行计算时通常设定为如下累积生存函数（cumulative survivor function）：

$$S(t) = \prod_{t_{(i)} \leqslant t} \frac{n_i - d_i}{n_i}$$

其中，n_i 为 $[t_{(t-i)}, t_{(i)}]$ 期间被考察高管的总数，d_i 为当期离职高管的个数。

尽管非参数方法能够分析高管任职时间与其离职率之间的关系，但是它不能用于构建多元模型来对本章的研究假设进行检验。生存分析的参数方法和半参数方法都假设被解释变量和解释变量的关系符合某种函数关系。它们各有优劣，但是参数方法需要明确设定生存函数的形式，而非参数方法则不需要。"目前绝大多数和人有关的生存时间数据的应用分析中，（解释变量和生存时间的关系的）相关知识仍然是空白。所以，（比之于参数方法，）使用非参数方法更加安全和有效。"（Kaplan & Meier，1958，p. 304～305）本章采用半参数性质的 Cox 风险模型来对高管离职问题进行研究。每个高管的任职时间服从如下风险函数（hazard function）：

$$h(t;Z) = h_0(t)\exp(\beta'Z)$$

其中，$h_0(t)$ 是潜在的基准风险模型，Z 是解释变量矩阵，β 是相应的系数矩阵。

本章对研究假设的检验采用比例风险模型（proportional hazards model）。比例风险假设可能并不对所有的样本成立，特别是，在不同的任职时间段上，协变量所遵循的比例关系有可能存在差异。更为安全可靠的做法是仅仅假定比例风险假设在局部任职时间段上成立。本章依据样本对应高管的任职时间将样本划分为 11 个不同层次（stratification），即 0～1 年、1～2 年、2～3 年、3～4 年、4～5 年、5～6 年、6～7 年、7～8 年、8～9 年、9～10 年和 10 年以上，划分的依据是使模型的拟合优度最好（以 -2 Log Likelihood 作为依据）。然后采用 Wei, Lin & Weissfeld（1989）估计各层的协方差矩阵，各层协变量共同效应的估计采用稳健的 Lin 和 Wei（1989）方法（the robust sandwich estimate of Lin and Wei）。下文报告的假设检验结果均针对协变量的共同效应。

另外，在本章研究的时间段内，即 1991～2005 年，解释变量可能由于以下三方面的原因而发生变化：（1）某些人口特征变量因时间流逝而发生变化，如年龄和任职时间，相应地，高管与团队内其他成员的年龄和任职时间差异程度会发生变化；（2）高管团队组成的变动，包括高管的离职和新高管的进入，这会导致高管团队人口特征发生变化；（3）一些控制变量也可能随时间发生变化，如高管的职位和企业的绩效。为了反映这些变化，我们整个考察时期以年为单位划分区间，在每年年初更新解释变量的值。这么做的一个后果是，各样本不相互独立，因而采用传统方法估计系数的方差—协方差矩阵就不合适了。这是本章采用更为稳健的 Lin & Wei（1989）方法来估计协方差矩阵的另一个重要原因。在 SAS8.1 统计软件包中，Lin & Wei（1989）方法用于估计 Wald 统计量，检验全局零假设（global null hypotheses）和单个参数的零假设；另外，它也用于修正 score 统计量，计算经过修正的 score 统计量（the modified score）。

第三节　假设检验

1991~2005 年间样本公司共出现了 2627 个高管离职事件，其中 1991~1993 年没有出现离职事件，1994~2005 年出现的高管离职事件分别为 2 件、17 件、31 件、66 件、114 件、196 件、334 件、348 件、382 件、344 件、337 件和 456 件。由于各年涉及的公司数目存在很大差异，各年高管离职事件的绝对数量不具有可比性，图 6-1 给出了各年样本公司高管离职事件的平均数。在 1991~2005 年期间，这一指标的值总体上呈现出上升的状态。1994 年以前，样本公司每年离职高管人数平均不足 0.1，从 1996 年起，这一变量的值稳定地高于 0.6。

离职高管的平均年龄为 47.13 岁（s.d. =8.11）；担任高管的平均时间为 3.41 年（s.d. =2.03）；理工科出身的占 52.54%，经济、管理类专业出身的占 40.48%，其他专业出身的占 6.98%；内部提升的占 80.39%，从外部聘用的占 19.61%；职业经理人出身的占 79.10%，控股股东指派的占 20.90%。图 6-2 给出了离职高管与团队内其他高管人口特征差异的散点图。可以看出，在不同年度，人口特征差异较大（Z 值 >0）和较小（Z 值 <0）部分的阴影的相对密度不完全一致，这意味着高管与团队内其他成员的人口特征差异对其离职的影响可能是模糊的。另一方面，年份和人口特征差异的拟合曲线明显向右上方倾斜，这说明时间对高管人口特征差异—离职的关系模式具有影响。由于

最近离职高管的人口特征差异的均值高于较早的离职高管，可以初步推测，在1991～2005年间，人口特征差异对高管离职的影响减弱了，而不是像研究假设预测的那样增强了。

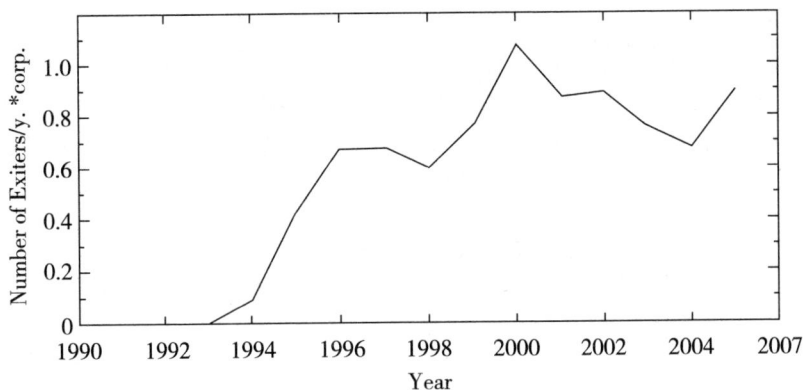

图6－1　1991～2005年上市公司高管离职事件的平均数

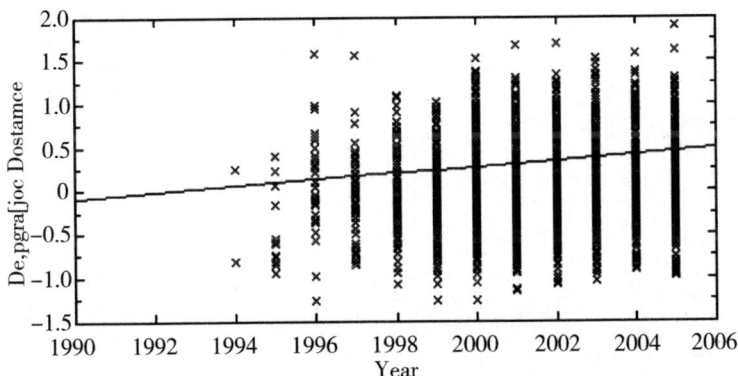

图6－2　1991～2005年离职高管与团队内其他高管人口特征差异的散点图

表6－3给出了实证检验中用到的变量的描述性统计数据和相关系数矩阵。表6－4中模型1和模型2检验高管人口特征差异对高管离职的主效应（假设1～假设5）；表6－5中模型3和模型4、表6－6中模型5和模型6以及表6－7中模型7和模型8分别检验时间、企业所有制、高管选择方式的市场化程度和人口特征差异对高管离职的交互影响作用（假设6～假设8）。

假设1～假设5分别认为目标高管与团队内其他成员在年龄、任职时间、受教育专业、来源和选择方式上的差别越大，他就越可能离职；反映在本章的模型中，高管在任意任职时间点上离职的风险就越大。表6-4模型1检验了高管与团队内其他成员的总体人口特征差异对其离职的影响，结果发现其影响并不显著。模型2针对不同的人口特征对上述五个假设分别进行了检验，结果表明，高管与团队内其他成员在选择方式上的差异越大，他离职的可能性就越高；相反，高管在任职时间上的差异对其离职可能性具有负面影响；高管与团队成员在其他三个人口特征上的差异对其离职不具有显著影响。这说明，只有假设5得到了支持，而其他四个假设都不成立。

表6-3　描述性统计数据和相关矩阵

变量	mean	s.d.	1	2	3	4	5	6	7	8	9	10	11	12	13	14
1. tenure	3.626	2.046														
2. exit	0.154	0.361	-0.044													
3. demographic Distance	0.033	0.481	0.118	0.024												
4. ageDistance	8.811	4.074	-0.011	0.033	0.463											
5. tenure Distance	1.690	1.479	0.362	-0.020	0.466	0.009										
6. curriculum Blau	0.588	0.286	0.005	-0.005	0.453	0.062	0.003									
7. originBlau	0.197	0.302	-0.036	0.023	0.543	0.032	0.097	0.032								
8. selection Blau	0.243	0.323	-0.037	0.027	0.498	0.021	0.011	0.010	0.157							
9. age	45.407	7.393	0.206	0.109	0.024	0.126	-0.005	0.020	-0.048	-0.034						
10. period	0.815	0.388	0.248	0.021	0.190	-0.038	0.367	0.032	0.081	0.015	0.055					
11. ownership	0.085	0.279	-0.011	0.011	0.109	0.006	-0.020	0.013	0.208	0.058	0.021	0.042				
12. marketization	0.006	0.918	0.047	-0.011	-0.285	-0.007	0.034	-0.009	-0.064	-0.640	0.008	0.042	-0.040			
13. teamSize	5.762	2.262	0.050	-0.001	0.129	0.043	0.083	0.103	0.065	0.019	-0.003	0.057	-0.023	0.089		
14. adjROE	0.010	0.197	-0.021	-0.006	-0.041	-0.011	-0.054	-0.039	0.009	-0.004	0.001	-0.048	0.009	-0.006	0.004	
15. industry	0.339	0.473	0.036	-0.018	0.025	-0.070	0.035	-0.094	0.142	0.046	0.027	-0.002	0.042	-0.080	-0.091	0.001

说明：与变量 verticalDistance, verDifOfAge 和 verDifOfTenure 对应的样本量 $N = 13602$，$|r| > 0.017$ 时，$p < 0.05$；$|r| > 0.022$ 时，$p < 0.01$；与其他变量对应的样本量 $N = 16819$，$|r| > 0.015$ 时，$p < 0.05$；$|r| > 0.020$ 时，$p < 0.01$。

假设 6 预测了时间和人口特征差异对高管离职的交互效应。依据假设 6，在 1991~2005 年期间，越到最近，高管人口特征差异对其离职的影响越强。为了检验这一假设，按照时间先后把样本划分为两类，然后比较两类样本中高管与团队成员的人口特征差异对其离职的影响的强度是否存在差异。我们尝试把截断点设定为 1996~2000 年中的任意一年，然后对模型 3 包含的变量进行生存分析，进而比较各次分析的拟合优度指标（-2 Log Likelihood）。结果发现，在以 1999 年为截断点的情况下，我们所得到的模型的拟合程度最好。这一结论应用于本章对 period 变量的定义，即如果样本对应的年份为 1999 年或之后，则 period 值为 1，否则为 0。表 6-5 中模型 3 报告了对假设 6 进行检验的结果；和假设 6 的预测正好相反，与 1999 年以前相比，1999 年以后高管与团队内其他成员人口特征差异对其离职的影响不是提高了，而是显著降低了。模型 4 对假设 6 作了更详细的检验，时间与人口特征差异的交互作用只在一个人口特征，即高管选择方式上是显著的（$p < 0.001$），而与其他四个人口特征差异的交互作用不显著。时间和高管人口特征差异对高管离职的交互作用的图示参见图 6-3。

假设 7 指出，高管与团队成员的人口特征差异对高管离职的作用在民营（控股）企业中比在国有（控股）企业中更加显著。首先看到，企业所有制（ownership）的主效应只在模型 5 中是显著的（$p < 0.05$），而在模型 6 中不显著，这说明民营（控股）企业和国有（控股）企业中高管离职率孰高孰低的证据是模糊的；其次，无论是从人口特征差异总体上（模型 5）还是不同维度上（模型 6）进行检验，企业所有制和高管人口特征差异对高管离职的交互作用都不显著，因而假设 7 不成立。检验的详细结果参看表 6-6。

假设 8 预测，对中国上市公司而言，高管选择方式的市场化程度越高，高管与团队成员的人口特征差异对其离职的作用越明显。表 6-7 汇报了对这一假设进行检验的结果，其中，模型 7 从总体上检验了这一假设，模型 8 则从高管在年龄、任职时间、受教育专业、来源和选择方式上的差异等维度更详细地验证了这一假设。结果表明，高管聘用市场化程度和高管人口特征差异对高管离职具有显著的正向作用（模型 7，$p < 0.001$），与假设一致。这一假设也在高管人口特征差异的四个维度上得到证实，只有高管年龄差异和高管选择方式市场化程度对高管离职不具有交互作用。上述分析表明，假设 8 获得了有力支持。高管聘用市场化程度和高管人口特征差异对高管离职的交互影响的图示参

看图 6 - 4。

研究假设检验结果一览表参看表 6 - 8。

表 6 - 4　高管与团队成员人口特征差异对其离职影响的指数风险模型估计结果

变量	模型 1			模型 2		
	b	$s.\,e.$	exp (b)	b	$s.\,e.$	exp (b)
age	0.236***	0.021	1.266	0.240***	0.022	1.271
MBA	-0.388***	0.114	0.678	-0.365***	0.114	0.694
teamSize	0.010	0.019	1.010	0.010	0.019	1.010
adjROE	-0.233	0.501	0.792	-0.272	0.558	0.762
industry	-0.079+	0.042	0.923	-0.083+	0.043	0.921
period	0.079	0.056	1.082	0.125*	0.059	1.134
ownership	0.140*	0.068	1.151	0.125+	0.069	1.133
marketization	-0.015	0.023	0.985	0.062*	0.030	1.063
demographicDistance	0.066	0.045	1.069			
ageDistance				-0.0004	0.020	1.000
tenureDistance				-0.067**	0.024	0.936
curriculumBlau				-0.0057	0.020	0.994
originBlau				0.024	0.021	1.024
selectionBlau				0.125***	0.026	1.133
Likelihood-ratio chisquare	174.321***			206.298***		
Score	176.307***			208.930***		
Modified score	157.417***			184.142***		
Wald	163.553***			192.694***		

说明：（1）$N = 16819$，括号中数字为估计标准误（standard error）；

（2）$+p < 0.10$；$*p < 0.05$；$**p < 0.01$；$***p < 0.001$。

表6-5 时间和高管人口特征差异对高管离职交互作用的指数风险模型估计结果

变量	模型3			模型4		
	b	$s.e.$	$\exp(b)$	b	$s.e.$	$\exp(b)$
age	0.237**	0.021	1.268	0.242***	0.022	1.273
teamSize	0.009	0.019	1.009	0.008	0.019	1.008
adjROE	-0.235	0.476	0.791	-0.276	0.525	0.759
industry	-0.077+	0.042	0.926	-0.077+	0.043	0.926
period	0.053	0.071	1.055	0.228*	0.155	1.256
ownership	0.146*	0.068	1.157	0.133+	0.070	1.143
marketization	-0.013	0.023	0.987	0.059*	0.030	1.060
MBA	-0.385***	0.114	0.680	-0.367**	0.114	0.693
demographicDistance	0.440**	0.140	1.552			
ageDistance				0.059	0.068	1.060
tenureDistance				-0.153	0.125	0.858
curriculumBlau				-0.023	0.059	0.978
originBlau				0.057	0.064	1.059
selectionBlau				0.324	0.058	1.382
demographicDistance × period	-0.402**	0.146	0.669			
ageDistance × period				-0.065	0.071	0.937
tenureDistance × period				0.095	0.128	1.100
curriculumBlau × period				0.018	0.063	1.018
originBlau × period				-0.036	0.067	0.965
selectionBlau × period				-0.221***	0.060	0.802
Likelihood-ratio chisquare	181.102***			218.316***		
Score	182.775***			222.243***		
Modified score	164.197***			197.271***		
Wald	171.929***			213.342***		

说明: (1) $N = 16819$, 括号中数字为估计标准误 (standard error);

(2) $^+p < 0.10$; $^*p < 0.05$; $^{**}p < 0.01$; $^{***}p < 0.001$。

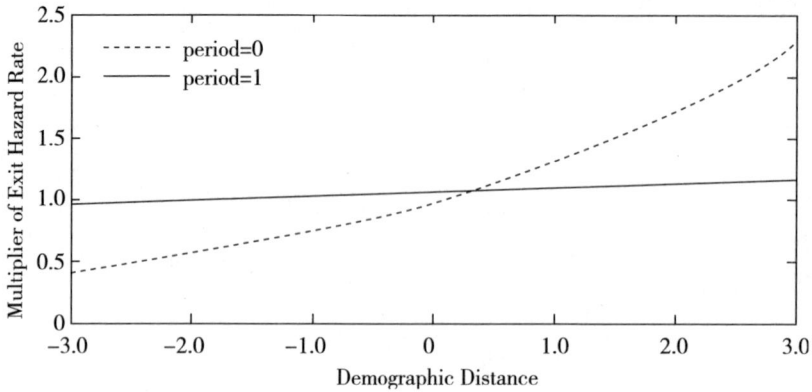

图 6 - 3　时间和高管人口特征差异对高管离职的交互作用

表 6 - 6　企业所有制和高管人口特征差异对高管离职交互作用的指数风险模型估计结果

变量	模型 5			模型 6		
	b	s. e.	exp (b)	b	s. e.	exp (b)
age	0. 234 ***	0. 021	1. 264	0. 237 ***	0. 022	1. 267
teamSize	0. 010	0. 019	1. 010	0. 008	0. 019	1. 008
adjROE	− 0. 251	0. 498	0. 778	− 0. 265	0. 525	0. 767
industry	− 0. 079 +	0. 042	0. 924	− 0. 084 +	0. 043	0. 919
period	0. 095	0. 071	1. 100	0. 138 +	0. 072	1. 148
ownership	0. 149 *	0. 075	1. 160	0. 114	0. 084	1. 121
marketization	− 0. 014	0. 023	0. 986	0. 061 *	0. 030	1. 063
MBA	− 0. 386 ***	0. 114	0. 680	− 0. 377 **	0. 115	0. 686
demographicDistance	0. 072	0. 048	1. 074			
ageDistance				− 0. 001	0. 022	0. 999
tenureDistance				− 0. 070 **	0. 024	0. 932
curriculumBlau				0. 001	0. 021	1. 001
originBlau				0. 020	0. 022	1. 020
selectionBlau				0. 135 ***	0. 027	1. 145
demographicDistance × ownership	− 0. 030	0. 133	0. 971			
ageDistance × ownership				− 0. 006	0. 052	0. 994

变量	模型 5			模型 6		
	b	s. e.	exp（b）	b	s. e.	exp（b）
tenureDistance × ownership				0. 109	0. 077	1. 115
curriculumBlau × ownership				− 0. 079	0. 078	0. 924
originBlau × ownership				0. 050	0. 066	1. 051
selectionBlau × ownership				− 0. 108	0. 068	0. 898
Likelihood-ratio chisquare	174. 172 ***			211. 297 ***		
Score	176. 144 ***			213. 838 ***		
Modified score	157. 987 ***			190. 953 ***		
Wald	164. 383 ***			201. 589 ***		

说明：（1）$N = 16819$，括号中数字为估计标准误（standard error）；

（2）$^{+}p < 0.10$；$^{*}p < 0.05$；$^{**}p < 0.01$；$^{***}p < 0.001$

表 6 - 7　高管选择方式市场化程度和高管人口特征差异对高管离职的交互作用的指数风险模型估计结果

变量	模型 7			模型 8		
	b	s. e.	exp（b）	b	s. e.	exp（b）
age	0. 233 ***	0. 021	1. 262	0. 237 ***	0. 022	1. 268
teamSize	0. 007	0. 019	1. 007	0. 010	0. 020	1. 010
adjROE	− 0. 201	0. 503	0. 818	− 0. 252	0. 572	0. 777
industry	− 0. 080 +	0. 042	0. 923	0. 089 *	0. 044	0. 914
period	0. 075	0. 056	1. 078	0. 123 *	0. 059	1. 131
ownership	0. 118 +	0. 069	1. 126	0. 095	0. 070	1. 100
marketization	− 0. 025	0. 022	0. 975	0. 063 *	0. 028	1. 065
MBA	− 0. 402 ***	0. 114	0. 669	− 0. 385 ***	0. 114	0. 681
demographicDistance	0. 090 *	0. 045	1. 094			
ageDistance				0. 005	0. 020	1. 005
tenureDistance				− 0. 070 **	0. 024	0. 933
curriculumBlau				− 0. 008	0. 020	0. 992

续表

变量	模型 7			模型 8		
	b	s. e.	exp（b）	b	s. e.	exp（b）
originBlau				0. 028	0. 021	1. 029
selectionBlau				0. 146 ***	0. 026	1. 157
demographicDistance × marketization	0. 194 ***	0. 045	1. 214			
ageDistance × marketization				0. 019	0. 021	1. 020
tenureDistance × marketization				0. 051 *	0. 023	1. 052
curriculumBlau × marketization				0. 040 +	0. 023	1. 041
originBlau × marketization				0. 090 ***	0. 022	1. 095
selectionBlau × marketization				0. 044 +	0. 026	1. 045
Likelihood-ratio chisquare	193. 716 ***			240. 284 ***		
Score	196. 863 ***			244. 641 ***		
Modified score	176. 073 ***			214. 690 ***		
Wald	188. 895 ***			235. 204 ***		

说明：（1）$N = 16819$，括号中数字为估计标准误（standard error）；

（2）$^+ p < 0.10$；$* p < 0.05$；$^{**} p < 0.01$；$^{***} p < 0.001$

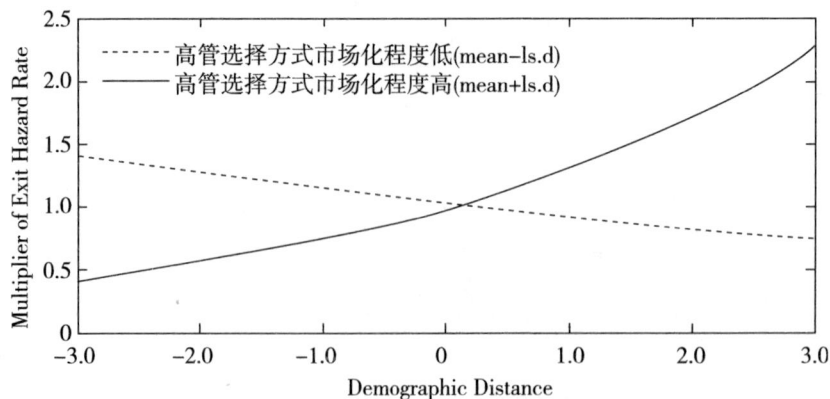

图 6 - 4　高管选择方式市场化程度和高管人口特征差异对高管离职的交互作用

表 6 - 8　研究假设检验结果一览表

编号	研究假设	检验结果	
		成立	不成立
H1	高管年龄差异对高管离职具有正向作用。		√
H2	高管任职时间差异对高管离职具有正向作用。		√
H3	高管受教育专业差异对高管离职具有正向作用。		√
H4	高管来源差异对高管离职具有正向作用。		√
H5	高管选择方式差异对高管离职具有正向作用。	√	
H6	从上个世纪90年代到本世纪初，高管与团队其他成员的人口特征差异对高管离职的作用有了提高。		√
H7	高管与团队其他成员的人口特征差异对高管离职的作用在民营（控股）企业中比在国有（控股）企业中更加显著。		√
H8	高管选择方式市场化程度越高，高管与团队其他成员的人口特征差异对高管离职的作用越明显。	√	

第四节　讨论

一、对假设检验结果的探讨

这一章利用 1991～2005 年期间中国沪、深两市的上市公司数据，以高管离职作为产出变量，分析了高管与团队成员在年龄、任职时间、受教育专业、来源和选择方式上的差异对其离职的影响。研究结果表明，高管与团队成员的人口特征差异的某些维度对高管离职具有显著影响，两者的关系还受到时间（企业改革进程）和高管选择方式的市场化程度的影响，另外，对职位不是总经理（总裁）的高管来说，与总经理（总裁）的人口特征差异对其离职的正向影响非常显著，显示出总经理（总裁）在当前我国企业运营中所具有的极端重要性。下文将依据本章研究结果和已有文献的相关记载，比较高管团队人口特征差异和高管离职关系的中外差异，并探讨其中原因。有关高管团队人口特征对高管离职影响的中外比较见表 6 - 9。

表6-9　高管与团队成员的人口特征差异对高管离职影响的中外比较

变量	中国	日本	荷兰	
	张龙	Wiersema and Bird（1993）	Godthelp and Glunk（2003）	Boone et. al.（2004）
控制变量：				
高管年龄	+	-	+	+
高管团队规模	○		+	
企业绩效	○	○	○	-
高管与团队成员的人口特征差异：				
年龄	○	○	+	
任职时间	-	+	+	
受教育专业	○			
来源	○			
选择方式	+			

　　说明：（1）Boone et. al.（2004）研究了高管与团队成员的总体人口特征差异对其离职的影响，该人口特征差异指标整合了高管年龄、职业路径、行业经验和受教育水平四个方面的人口特征差异；

　　（2）"+"表示有显著的正向影响，"-"表示有显著的负面影响，"○"表示研究结果不显著，空格表示相应文献没有研究相关变量对高管离职的影响。

（一）高管与团队成员人口特征差异对其离职的影响

本书在构建中国背景下的高管团队人口特征影响高管离职的理论模型时指出，由于候选人群体的同质性、选择标准僵化、终身雇用制、传统文化价值观以及其他一些制度和文化因素的客观存在，中国企业高管团队曾经具有高度的同质性。随着经济体制改革的深化，特别是现代企业制度的逐步建立，中国企业高管团队的人口特征发生了两个方面的重大变化：一是多样性程度显著增大，这已经得到了第四章研究的有力支持；二是人口特征多样性对组织产出的影响力获得了自由释放。就高管团队人口特征多样化对高管离职的作用而言，制度约束的影响已经退居次席，社会文化价值观和企业发展对多样化的需要起着更加切实的作用。当然，在经济转型的大背景下，一些独特的因素对上述关系起着调节作用，这一章研究了时间（企业改革进程）、企业所有制和高管聘用的市场化程度三个因素的影响。

首先看到，高管年龄对高管离职具有非常显著的正向影响。这和 Godthelp & Glunk（2003）及 Boone 等（2004）对荷兰企业的研究得到的结论一致，但是和 Wiersema & Bird（1993）对日本企业高管团队的研究得到的结论正好相反。在中国企业中之所以会出现这种情况，我们认为是企业内部和外部因素共同作用的结果。在企业内部，年龄是影响高管是否能够获得提升的重要因素。在这四项研究中，中国企业高管的平均年龄（45.41 岁）要明显低于荷兰高管（分别为 54.06 岁和 52.81 岁）和日本高管（61.30 岁）；同时，中国企业高管的任职时间（3.63 年）要明显低于美国高管（9.51 年）（Wiersema & Bantel，1993）和荷兰高管（5.79 年）（Godthelp & Glunk，2003）。这说明，中国企业的年轻高管相对缺乏任职经验，年长往往意味着更多的人力资本和社会资本。黄晓飞和井润田（2006）的研究表明，中国企业高管团队的平均年龄和企业绩效正相关。这为上述推论提供了佐证。从演化的角度来看，年轻、任职时间短的高管如果要获取外部的职业发展机会，那么必然需要在当前任职企业中积累相关的知识、技能和能力。因此，略微年长的高管往往面临更多的外部发展机会。为了更加深入地把握高管年龄对其离职概率的影响，我们在表 6－4 模型 2 的基础上添加了高管年龄的平方项，模型拟合如下：

$$h_i(t) = h_0(t) \times \exp(-0.183age + 0.002age^2 + \beta^\sim x^\sim)$$

其中，$x^\sim$ 表示除年龄及其平方项以外的变量，$\beta^\sim$ 为相应的参数估计量。这一模型的拟合优度系数（－2 Log Likelihood）较模型 2 有显著改进（$\Delta\chi^2 = -48.553$，$p < 0.001$），年龄的一次项小于 0（$p < 0.001$），年龄二次项大于 0（$p < 0.001$）。在控制其他变量不变的前提下，当年龄小于 40 岁时，高管年龄与离职率负相关；当年龄大于 40 岁时，高管年龄与离职率正相关。这些数据支持了上述推断。

对于高管团队人口特征差异的研究显示，高管与团队成员的任职时间差异越大，离职可能性越小；与团队成员选择方式的差异越大，则离职可能性越大；其他人口特征差异对高管离职的影响则不显著。已有的一些文献显示，高管团队人口特征差异对高管离职的影响受到高管年龄的调节作用（Wiersema & Bird，1993）。与其他职业的人群相比，企业高管在年龄上总体而言相对较大，因而更加容易受到国家法定退休年龄的影响。在我国企业中，如果高管在接近退休年限而恰逢任期届满，那么他很可能离开高管职位，转而担任董事、监事或其他职务。为了排除这些情况的影响，我们对不超过 55 岁的高管样本进行研究，也就是针对 55 岁及不足 55 岁的高管重新运行表 6-4 中的模型 2。结果表明，高管与团队成员的年龄差异对其离职具有负面影响（$b = -0.064$, $p < 0.05$），与其他人口特征差异指标相关的结论则没有发生变化。这说明高管退休的影响仅局限于高管与团队成员的年龄差异，对本章实证研究涉及的其他人口特征差异的影响不大。

年龄和任职时间差异对高管离职具有负面影响，这和本章的研究假设相悖，也和日本、欧美企业高管的情况相反（参看表 6-9）（Godthelp & Glunk, 2003; Wiersema & Bird, 1993）。在中国上市公司中，年龄和任职时间的差异不但没有诱发冲突、减少沟通、降低社会整合，进而促使高管离职，反而表现为差异所具有的另一个重要作用，即互补性，促进人际沟通和社会整合，降低高管的离职概率。对于这一结论至少有以下三种解释。

第一种解释可以称为传统文化影响观。在中国企业中，无论是年龄的长幼还是任职时间的长短，都和资历的深浅相对应。中国文化中向来有尊老爱幼的传统，不管年龄或任职时间差异有多大，只要"长幼有序"，那么年龄和任职时间差异不但不会阻碍沟通甚至激发冲突，反而有利于人际和谐。对本章样本的统计分析显示，2005 年，在所有的总监层级和副总经理层级高管（2449人）中，1664 人（67.95%）的年龄低于总经理，1556 人（63.54%）担任高管的时间短于总经理。可见，在大多数的总经理—非总经理配对中，职位高低和资历深浅是一致的。

第二种解释可以称为人力资本互补观。首先注意到，有关国家改革和企业变革的相似经历使高管在价值观和认知基础上趋于一致。尽管高管与团队成员的年龄差异很大，绝大多数高管（91.23%，本章样本）的年龄都在 36 岁或以上，他们共同经历了过去二十多年中国的经济转型和企业改革历程；另一方面，尽管高管的任职时间相对较短，但是他们中的绝大部分（80.50%，本章样本）来自于企业内部，经历了过去若干年中企业发展和变革的整个过程，因此，多数高管在价值观和认知基础上的差异可能并不如年龄或任职时间差异那么大。其次，年龄和任职时间差异是团队多样性的重要方面，它使高管能够与多样化的外部和内部网络相联接，获取差异化的观点、知识和信息（Joshi, 2006），从而在人力资本和社会资本上表现出互补性。最后，中国企业所面临的外部环境的复杂性和多变性要求高管团队保持较高的多样化程度，这是推动企业提高或保持较高的人口特征差异的外部因素。

第三种解释可以称为发展机会共享观。高管处于企业管理层级金字塔的顶端，提升机会有限。对于总监层级和副总经理层级的高管来说，如果他们年龄和任职时间非常集中，那么获得提升的可能性就很小；相反，如果他们在年龄和任职时间分布上相对分散，那么随着总经理的更替轮换，他们中的多个能够期望到达金字塔的顶端。因此，高管团队内年龄和任职时间的相对分散有利于高管留任。

高管选择方式差异是本书首次研究的一个人口特征变量，相关的研究结果和假设一致。这说明在我们研究的时间段内，控股股东指派的高管和职业经理人出身的高管在价值观和认知基础、在企业的经营思路上存在较大的差异。在模型 2 中加入高管选择方式主效应后，我们发现它是显著的，虽然显著性程度不高（$b = 0.107$，$p < 0.10$）；如果把分析样本限定为 55 岁及以下的高管，则它对高管离职的影响更加明显（$b = 0.163$，$p < 0.05$）。这表明控股股东指派的高管更容易离职，正好和我们的预期相反。这可以从以下两方面进行解释：一是职业经理人在企业代理权争夺中占有优势，本书的研究显示，从上个世纪 90 年代中期以来，由职业经理人担任总经理的公司就接近半数并且不断增多，高管团队中职业经理人的比例在一半以上的公司也占了多数；二是控股股东指派的高管对任职企业的承诺感较低，他们的职业安全和发展与企业绩效关联性相对较弱；三是控股股东指派的高管离职与否不但受到企业内部因素的影响，而且更多地会受到控股股东人事政策的影响。

高管来源没有如我们预期的那样对高管离职产生显著影响。进一步分析发现，对于年龄在 55 岁及以下的高管，这一结论同样成立。但是，当我们在模型 2 中加入高管来源的主效应后，发现它对高管离职具有非常强的正向效应（$b = 0.306$，$p < 0.001$）。这表明从外部聘用的高管的流动性要明显高于内部提升的高管。以上结果直接回答了高管来源（差异）对高管离职的影响，弥补了相关文献的不足。针对高管来源，Boone 等（2004）称之为职业路径（career path），这一人口特征的研究一直受到忽视，相关性最大的文献是 Boeker（1992）和 Boone 等（2004）。前者发现，在首席执行官从外部聘用而非内部提升的情况下，高管离职率较高；后者则没有对高管来源差异做单独研究，而是将其看作高管团队多样性的一个维度。

高管与团队成员受教育专业的差异对其离职不具有显著影响。进一步研究表明，这一结论不受高管年龄的影响，也不受高管受教育专业（理工科、经济管理类或其他）的作用，但是接受工商管理硕士教育对高管留任具有非常显著的影响。有关高管接受 MBA 教育情况对于高管离职和提升的影响，请参看第 5 章。

（二）调节变量对高管人口特征差异—高管离职关系的影响

时间（企业改革进程）对高管离职的影响体现在两个方面：首先，时间本身影响高管离职。表 6 - 5 中模型 3 和模型 4 时间变量的参数估计值大于 0，其中后者显著（$p < 0.05$），这意味着 1999 年后企业高管职业流动的自由度增大了，离职率提高了。其次，时间和高管与团队成员的人口特征差异交互影响高管离职，也就是说，和 1999 年前相比，高管与团队成员的人口特征差异对其离职的作用减弱了。这和假设 6 预测的正好相反。这一结果可以解释如下：随着企业改革的推进，尽管制度约束的减弱放大了人口特征差异对高管离职的影响，但是，同时期中国上市公司高管团队的人口特征的多样性有了很大提高，高管与团队成员的年龄差异甚至高于欧美企业（见表 6 - 10），因而高管对团队人口特征差异的敏感性事实上减弱了。另外，高管团队内的多样性必须和决策环境的复杂性具有匹配性（Milliken & Martins，1996）。企业改革进程是中国企业逐步市场化的过程，与改革前或改革初期相比，企业所处的环境更加复杂了，面临的竞争更加激烈了。这是要求中国企业高管团队保留差异高管的外部力量。针对五种人口特征差异和时间的交互效应的研究显示，只有高管选择方式的差异和时间对高管离职的交互作用是显著的（表 6 - 5 中模型 4）。选择方式曾经是高管"身份"的重要指标，选择方式差异对高管离职的影响减弱表明随着企业市场化改革的推进，身份在高管团队互动和企业决策中所起的作用已经减弱，能力等其他因素的作用得到了加强。

假设 7 阐述了企业所有制对高管团队人口特征差异和高管离职关系的调节作用，本章的研究结果没有对之提供支持。另外，企业所有制对高管离职的主效应也不够显著（模型 5 和模型 6）。这说明在国有（控股）企业和民营（控股）企业中，高管的离职率没有明显差别，高管与团队成员的人口特征差异对其离职的作用也没有明显差别。针对本章提出研究假设时给出的论据，我们认为这儿的研究结果可以从两个角度进行解释。一种解释是，高管团队人口特征差异在国有（控股）企业和民营（控股）企业中的相对高低并不一致。比如，在高管与团队成员的年龄和任职时间差异上，国有（控股）企业高于民营（控股）企业；但是在受教育专业、来源和选择方式差异上，国有（控股）企业低于民营（控股）企业。因而从总体上看，究竟是在国有（控股）企业还是民营（控股）企业中人口特征差异对高管离职的影响更大，这很难定论。另一种可能解释是，我国的民营（控股）企业发展时间还很短，绝大多数仍然由创始人或其继任者掌握，高管很可能也是创业团队的成员。在这样的高管团队中，人口特征差异并不是高管差异的良好指标，关系、资历等方面的差异才是人际差异的重要成分，会对高管间的互动产生切实影响。

假设 8 认为，高管选择方式市场化程度越高，高管与团队成员人口特征差异对其离职的正向作用越强。这一假设获得了有力支持，说明高管聘用市场化弱化了体制约束，释放了高管团队人口特征差异对高管离职的影响力。

二、研究意义

这一章的实证研究展示了国别差异如何影响高管团队人口特征和高管离职的关系。在不同的社会文化环境和国家历史进程中，新的组织人口特征、独特的调节变量对高管离职具有重要的影响。这些变量的识别和考察应当纳入未来人口特征理论的构建中。从这个角度看，本章的理论贡献体现在为完善高管团队人口特征理论提供了一个思路，即从演化的角度去考察高管团队人口特征差异，识别限制或推动高管团队人口特征多样性的因素，分析它们如何通过社会文化价值观作用于高管离职。本章的研究显示，转型经济条件下的中国在过去十五年中，高管团队人口特征差异对高管流动的影响与日本和欧美的情况都存在不小的差异。

从研究对管理实践的启示看，这一章的研究结果有助于理解高管团队人口特征差异对高管调整，特别是离职的影响。基于本项研究，中国企业的管理者能够更好地理解和预测高管团队的组成所具有的影响。结合企业的战略和人力资源政策，企业可以通过招聘和离职等措施来调整高管团队的组成。这对企业及其股东是至关重要的，因为高管团队的组成通常左右着企业未来的发展方向（Boeker & GoodStein, 1991）。本章的研究将有助于激发在中国背景下对高管团队人口特征进行研究。

三、研究局限和进一步研究方向

本章实证研究也存在诸多局限，开启了进一步研究的若干方向。首先，需要进一步研究的问题是异质性在当前中国企业中所扮演的角色。在以往的研究中，无论是针对日本（Wiersema & Bird, 1993）、美国（O'Reilly, Snyder & Boothe, 1993；Wiersema & Bantel, 1993）还是荷兰（Boone et al., 2004；Godthelp & Glunk, 2003）企业，高管团队人口特征差异对高管离职的影响或者是正向的，或者不显著。然而在我国企业中，高管团队人口特征差异的某些维度对高管离职具有负面影响。上文对这一结果从多个角度进行了解释，其原因究竟是哪一个或哪几个还有待进一步研究。

另一个需要探讨的问题来自本章研究发现的诸多"悖论"，主要体现在三方面：一是高管与团队成员人口特征差异的一些维度对高管离职有正向影响，而另一些维度则具有负面影响；二是高管与团队成员年龄、任职时间差异对高管离职具有负面影响，而与总经理的年龄差异则具有正向影响；三是在人口特征的某些维度上（如高管选择方式及与总经理的任职时间差异）显示出高异质性的高管不但离职的可能性较高，获得提升的可能性也较高。这些看似矛盾的研究结果触及了组织人口特征研究的一个重要弱点，即任何一个人口特征反映了多个心理概念的某些内涵。有关高管团队人口特征的研究通常假设，高管团队人口特征是通过组织过程（如沟通频率、冲突和社会整合）的中介作用来影响高管离职的（Godthelp & Glunk, 2003）。分析这些组织过程的中外差异将有助于揭示上述悖论。

表 6 – 10 中外高管团队人口特征比较

变量	中国 本章		日本 Wiersema and Bird (1993)		美国 Jackson et. al. (1991)		美国 Wiersema and Bantel (1993)		荷兰 Godthelp and Glunk (2003)		均值比较			
	均值	标准差	均值	标准差	均值	标准差	均值	标准差	均值	标准差	本章 vs. Wiersema and Bird (1993)	本章 vs. Jackson et. al. (1991)	本章 vs. Wiersema and Bantel (1993)	本章 vs. Godthelp and Glunk (2003)
简单人口特征														
年龄	45.41	7.39	61.30	6.35					54.06	3.28	36.79***			68.53***
任职时间	3.63	2.05					9.51	4.20	5.79	2.19			12.90***	28.11***
样本规模	16819		220		93		85		848					
高管团队人口特征多样性														
年龄	0.13	0.06	0.09	0.05	0.18	0.13			0.54	0.45	–4.59***	3.80***		26.33***
任职时间	0.58	0.34	0.97	0.34			0.71	0.35	0.68	0.50	6.94***		3.11***	4.30***
样本规模	560		40		93		85		848					
高管与团队成员的人口特征差异														
年龄	8.81	4.07	6.40	3.46					3.16	2.28	–10.24***			–66.98***
任职时间	1.69	1.48	7.39	4.72					5.53	5.07	17.90***			22.01***
样本规模	16819		220						848					

说明：（1）中国的高管团队人口特征多样性数据取自本书表 4 – 12，对应年份为 2005 年；

（2）均值比较采用 Z 值（Z score），显著性水平检验采用单尾检验；

（3）$^{+}p < 0.10$；$^{*}p < 0.05$；$^{**}p < 0.01$；$^{***}p < 0.001$。

第七章

高管团队中垂直对人口特征差异对高管离职的影响[*]

正如前面多次提到的，从人口特征角度探讨高管离职问题的做法由来已久。相关的研究早期聚焦于首席执行官（Kesner & Sebora，1994），Hambrick和Mason（1984）提出高层梯队理论（upper echelon theory）之后又转而关注整个高管团队（Carpenter, Geletkanycz & Sanders，2004），而担任非首席执行官的高管及其与首席执行官的互动一直受到忽略。

首席执行官和其他高管在职位层级上存在差异，是典型的垂直对（vertical dyads）（Tsui & O'Reilly，1989）。由于职位决定了个体在组织中的正式角色（Brew & David，2004），因而它对组织中的个体互动起着关键作用。就人口特征差异而言，即便大小相同，对于职位层级相同和不同的个体对也很可能具有不同的意义。这种影响还因为中国背景而显得尤为突出。这是因为，职位层级差异的作用受到特定社会中权力距离的影响（Hofstede，2001）。在平等环境中，人们的互动较少受到地位高低的影响；而在华人社会中，人们对等级和权威人物非常敏感（Brew & David，2004）。可以预料，在中国背景下研究高管人口特征差异时，考虑高管职位高低有助于提高对产出变量的解释能力。

本章将结合社会心理视角和社会政治视角，分析高管团队中垂直对人口特征差异对高管离职的影响，并以高管权力和企业绩效为切入点，探讨对上述关系具有调节作用的因素。由于多数中国企业没有设置首席执行官一职，而且，对于究竟是总经理还是董事长承担着企业经营者角色这一问题一直存在争议（张龙 & 刘洪，2006），下文将分别对高管—总经理和高管—董事长这两种不同的垂直对进行研究。

---

* 本章主要内容发表于《管理世界》2009年第4期，有删改。

第一节　理论背景和研究假设

Tsui 和 Gutek（1999）总结了人口特征分析的三种主要方法：直接方法（categorical）、成分方法（compositional）和关系方法（relational）。直接方法关注的是个体的性别、年龄等简单人口特征；成分方法把人口特征看作群体的一种结构特征，关注的是群体的人口特征分布；关系方法认为人口特征表征个体与群体的社会关系（Tsui，Porter & Egan，2002），关注的是个体与群体其他成员的人口特征差异。在高管团队人口特征领域，最近二十多年的研究主要采用成分方法和关系方法。

采用成分方法和关系方法的人口特征研究最常引用的理论基础是相似—吸引范式（similarity attraction paradigm）（Byrne，1971）。这一理论认为，相似性是人际吸引的重要诱因。虽然各种维度上的相似性都能够提高个体之间的吸引力，但是人口特征具有易于识别和准确测量的优点，是个体判断相似性的良好标准。因此，个体之间人口特征越相似，越容易产生积极的效果，如较好的绩效、较强的凝聚力和较低的离职率（关于这一理论的简要综述可参看 Tsui 和 O'Reilly，1989）。

尽管相似—吸引范式并没有否认个体之间的互动可能影响相似—吸引过程，但是，绝大多数相关研究对这一问题有所忽略。其中部分原因在于组织人口特征领域的开创者强调把研究重点由个人转向群体（Hambrick & Mason，1984；Pfeffer，1983）。不难理解，在把群体作为分析单位的情况下，忽略个体互动是在所难免的。同样，在方法上，通过成分方法得到的人口特征属于群体层面的指标，这也制约了对个体互动进行研究。Tsui 和 O'Reilly（1989）提出人口特征研究的关系方法，开辟了从个体角度研究群体人口特征结构的新思路，提供了分析个体互动的契机。她们的工作激发了大量的后续研究，把这一领域的研究由群体层面拓展到个体层面。但是，绝大多数研究只是在人口特征的测量方法上有别于成分方法，而没有注意到个体特征在组织人口特征—产出变量关系中扮演的角色，只有关于垂直对（vertical dyads）的研究是个重要的例外。

一、垂直对中的人口特征差异

有关垂直对的文献直接将个体职位层级差异引入人口特征研究。Tsui 和

O'Reilly（1989）是这一领域的开拓者。她们发现，上司—下属人口特征差异和上司对下属的有效性评分负相关，与下属对上司的个人吸引力负相关，而与下属的角色模糊感正相关。这一结果对相似—吸引范式提供了较好的支持。但是，她们也发现，如果下属的受教育程度低于上司，任职时间短于上司，那么他更容易获得上司的喜欢。这说明，在垂直对中，不但相似会产生积极效果，符合某种条件的差异也可能产生积极效果。这一发现事实上提出了人口特征差异的方向问题。

Tsui 等（1995）对垂直对中的上述问题给出了理论解释。她们基于角色理论和社会规范理论指出，特定的社会类别都和一定的社会地位相对应，符合社会规范的人口特征差异（比如，上司受教育程度高于下属，年龄长于下属）会使上司更容易喜欢下属，而下属也可能对上司具有更强的忠诚度。作为对这一假说的检验，Tsui 等（2002）分析了上司—下属人口特征差异和上司对下属的绩效评分的关系。她们发现，当上司的年龄长于下属，受教育程度高于下属，任职时间和司龄长于下属，那么上司对下属的绩效评分较高。但是她们也发现，这一关系因绩效性质的不同而有差异，即上司—下属之间的人口特征差异和上司对下属的角色外绩效评分相关，而与其对下属的角色内绩效评分无关。她们认为，这是因为，相似—吸引过程对角色外行为（extra-role activities）的影响要胜过角色内行为（in-role activities）。因为角色外行为主要和意愿相关，上司如果出于个人的原因而喜欢对方，那么他通常更愿意在这上面给予下属积极的评价，而角色内行为更多地带有强制性质。

将上述思想进行推广，可以用于解释高管—首席执行官人口特征差异对高管离职的影响。尽管 Tsui 等（2002）在解释上司—下属人口特征差异和绩效的关系时突出了情感因素，我们认为，在中国企业的高管团队中，工具因素扮演着更为重要的角色。毋庸置疑，在高管—首席执行官关系中，情感因素影响双方互动。比如，在东方社会中年龄和职业发展阶段两者被认为是紧密关联的（Choi，2007），年轻的首席执行官可能会给其他高管带来自卑等负面情绪。但是，情感因素的作用由于两方面的原因而有所削弱：一方面，和较低层级的群体相比，高管团队中面对面互动的频率通常较低，而且这种互动更多地与工作相关；另一方面，上司和下属的互动更可能遵循正式的角色，这在地位高的人中特别明显（Brew & David，2004）。Leung，Kock 和 Lu（2002）进一步指出，中国人对人际和谐的追求多出于工具性需要（Leung，Koch & Lu，2002）。如果高管—首席执行官人口特征差异引起的仅仅是观点的不同或者情感上的不悦，而没有对实质利益产生负面影响，那么中国高管很可能规避冲突。事实上，当首席执行官—高管人口特征差异符合社会规范时，两者能够最好地分享组织关键资源：从首席执行官角度看，下属不至于对其职位、权力和利益产生明显的威胁；从高管角度看，和年轻、任职时间短的上司相比，年长、任职时间长的上司不但能给予更多的辅导，而且预示着更大的职业发展空间。

本章关注五个人口特征，即年龄、任职时间、受教育程度、性别和职业路径，其中前三个为定比或定序变量，和一定的社会优序（pecking order）相关，后两个为定类变量，和社会优序没有必然的联系。基于上述论述，本章提出如下两个假设：

假设1a：高管比总经理更年长、任职时间更长、受教育程度更高会提高高管离职率；而高管—总经理之间的性别、职业路径差异和高管离职不相关。

假设1b：高管比董事长更年长、任职时间更长、受教育程度更高会提高高管离职率；而高管—董事长之间的性别、职业路径差异和高管离职不相关。

二、垂直对人口特征差异—高管离职关系的调节因素

高管—首席执行官人口特征差异对高管离职的作用至少取决于两个因素：第一，首席执行官能否控制高管离职；第二，首席执行官是否有解除高管职务的意愿。

一般认为，组织中对高管离职具有重要影响的实体为首席执行官和董事会。两者的相对权力决定了谁将最终控制高管离职。研究表明，首席执行官的权力在高管离职中扮演着双重角色。一方面，首席执行官和其他高管具有共同的利益，他们同为企业内部人，在与董事会的互动中经常联合起来，共同保障高管群体的职业安全（Dalton & Kesner，1985）。因此，首席执行官拥有的权力越大，就越能保障其他高管免于被董事会解雇。另一方面，首席执行官和其他高管的利益并不总是一致（Shen & Cannella Jr.，2002a），特别是，当首席执行官因绩效不佳而面临被解雇的困境时，他会通过解雇其他高管来为自身提供缓冲，这种做法在首席执行官拥有较大权力的情况下特别常见（Boeker，1992）。这两个方面的文献都表明，权力有助于首席执行官影响其他高管的职业发展。可以预料，首席执行官权力越大，高管—首席执行官人口特征差异对高管离职的作用越显著。

首席执行官的权力可以从多个角度进行测量，如任职时间、持股比例等（Zajac & Westphal，1996），其中最常用的一个指标是首席执行官兼任董事长情况。基于上述论述，本章提出如下假设：

假设2：总经理兼任董事长降低高管离职率。

假设3：和总经理不兼任董事长的企业相比，在总经理兼任董事长的企业中，高管——总经理人口特征（年龄、任职时间和受教育程度）差异对高管离职的影响更大。

同样，担任董事职位的高管通常拥有更大的影响力（Mizruchi，1983）。一方面，兼任董事的高管往往是高管团队的核心成员；另一方面，担任董事也意味着高管更大程度地介入企业决策，特别是，董事会承担着聘用、提升和解聘高管（包括首席执行官）的正式职责，因此，兼任董事的高管能够通过正式的途径影响首席执行官和董事会的决策（Boeker，1992）。由此提出如下假设：

假设4：高管兼任董事降低其离职率。

假设5a：高管兼任董事对高管——总经理人口特征（年龄、任职时间和受教育程度）差异和高管离职关系具有负向的调节作用。

假设5b：高管兼任董事对高管——董事长人口特征（年龄、任职时间和受教育程度）差异和高管离职关系具有负向的调节作用。

高管人口特征领域的研究表明，即使首席执行官拥有解雇高管的权力，高管离职还取决于他是否有解雇高管的意愿。影响首席执行官解雇高管的意愿的一个重要因素是企业绩效（Carpenter，Geletkanycz & Sanders，2004）。离职是高管对企业绩效不佳作出的重要反应。从社会政治视角看，高管离职，不管是自愿的还是被迫的，都向董事会传达了高管团队正在努力改善绩效的信号（Boeker，1992）。多数针对高管团队的相关研究得到的一个共同结论是，企业绩效不佳——包括绩效水平低和绩效波动大——促使高管离职（Boone et al.，2004；Wagner，Pfeffer & O'Reilly，1984）。

一般说来，在企业绩效不佳的情况下，首席执行官比其他高管面临更大的压力，因为他对企业绩效负有更大的责任。正如上文提到的，在这种情况下，首席执行官会通过解雇其他高管，即所谓的"替罪羊"，来为扭转绩效困境赢得时间（Boeker，1992）。那么，首席执行官选择的"替罪羊"具有什么特征呢？特别是，首席执行官是否倾向于解雇那些年龄比自己大、任职时间比自己长、受教育程度比自己高的高管？这些问题的答案的实质是，在绩效不佳的情况下，哪一类高管更能帮助首席执行官提高决策质量，从而提升企业绩效。

绩效不佳是典型的具有动态、复杂特征的企业运营环境。针对群体多样性的研究认为，当一个群体面临复杂、非程序化的决策环境时，其绩效将受益于群体多样性，因为多样化的群体能够提供多样化的观点，从而有助于群体充分讨论和准确评估，最终发现合适的解决方案（Boone et al.，2004）。根据这一思想，我们同样期望在绩效水平低、波动大的情况下，总经理倾向于保留和自己不同的高管。

即便如此，总经理仍然可以选择两类截然不同的高管：一类高管比总经理年长，任职时间比其长，受教育程度也比其高；另一类则正好相反。关于年龄，魏立群和王智慧（2002）从中国的转型经济实际情况出发，认为在中国企业中，随着年龄增长而积累起来的关系和经验对于企业运作非常重要，因而认为企业高管团队和企业绩效正相关，并得到了上市公司数据的支持。关于任职时间，相关研究得到的结论并不一致。Keck（1997）发现，在复杂动态环境中，团队平均任职时间对企业绩效具有促进作用；孙海法等（2006）基于中国上市公司的研究发现，虽然基于总体样本的分析支持高管平均任期和公司短期绩效之间的正相关关系，但是，在信息技术公司中，高管团队的平均任期与公司长期绩效负相关。关于受教育水平，孙海法等（2006）发现高管团队的平均受教育水平和公司长期绩效正相关；另一项研究表明，高管接受 MBA教育虽然并不必然导致其获得提升，但是对其保留职位有显著作用，并且两者关系在聘用高管方式市场化程度高的企业中更为显著（张龙和李靖，2008）。上述经验证据并没有直接表明总经理究竟倾向于选择保留哪一类高管，但是可以肯定，更高的年龄、更长的任职时间和更高的受教育水平对企业绩效具有促进作用，这无疑会影响总经理的选择。因此提出如下假设：

假设 6a：和企业绩效水平高、波动程度小的情况下相比，在企业绩效水平低、波动大的情况下，高管—总经理人口特征差异对高管离职的影响较弱。

假设 6b：和企业绩效水平高、波动程度小的情况下相比，在企业绩效水平低、波动大的情况下，高管—董事长人口特征差异对高管离职的影响较弱。

第二节　研究方法

一、样本和数据

本章对研究假设的检验以 2001～2003 年沪、深两市 A 股上市公司及其高管的相关数据为基础。高管团队界定为董事长（董事会主席）加上公司年度报告中包含的高管人员，在多数公司中涉及总经理（总裁）和副总经理（副总裁）两个层级，在部分企业中还包括总监层级的管理人员。这一界定方法不同于以往研究（Boeker，1997a）之处在于增加了董事长，这和本章的研究目的是一致的。本章没有区分副总经理和总监这两个管理层级的相对高低，这一方面是出于研究便利的考虑，另一方面也是因为在不同的企业中，这一问题有不同的答案。

上市公司高管及其所属企业的名录来源于两个独立数据库，即中国股票市场和会计研究数据库（CSMAR）与彭博资讯（Bloomberg）。如果两者记录的高管或企业名录存在差异，那么可以通过检索上市公司年报进行核实。对于数据残缺或无法编码，以及高管团队中包含党委书记、纪委书记等人员的企业，本节的研究将其剔除。由于后一种情况数量很少，我们预计将其剔除不会对研究结果产生显著影响。统计分析中使用的变量的来源为：高管离职情况依据 2001～2003 年上市公司年度报告披露的"报告期内离任的董事、监事和高级管理人员及离任原因"和有关高管离任的董事会决议和高管任期数据编码得到；高管任职时间根据其任期数据计算得到；高管性别、年龄、受教育程度从数据库中获取；高管职业路径依据其简历编码得到；企业绩效依据财务数据计算得到。

二、变量测量

本章实证研究所涉及的因变量是离职（exit）。对于 2000 年 12 月 31 日在任的高管而言，认定他在 2001～2003 年离职需要同时满足如下两个条件：（1）不再担任高管职务；（2）如果该高管不兼任所在公司董事或监事，那么他卸任后不转任董事或监事职务；如果该高管兼任所在公司董事或监事职务，那么他卸任高管职务后六个月内卸任董事或监事职务。极少量的高管在考察期间出现了先离职后返任的现象，本章剔除了这一部分高管。依据公司年度报告和相关董事会决议披露的高管离职信息，可以将高管离职原因划分为如下11类：（1）退休，包括由于年龄原因退居二线；（2）健康原因，指离职高管由于身体不佳而不再担任当前职务，包括去世；（3）个人原因，如脱产学习、移民；（4）公司股权结构变化；（5）涉案；（6）工作变动；（7）任期满未续聘；（8）辞职，指离职高管主动辞去该职务，辞职原因不明；（9）解聘，指董事会解除高管职务，解除原因不明；（10）完善公司法人治理结构，指因为完善公司法人治理结构而导致离任者不再担任该职务，如为符合证监会的"五分开"原则而进行的人事调整；（11）未披露。其中，由于原因（1）～（5）引起的离职和高管人口特征差异没有必然联系，故剔除相应样本，共计438例。为了验证这种剔除方法是否合理，我们采用方差分析（ANOVA）分析了由于原因（1）～（5）和由于原因（6）～（11）引起离职的高管与总经理（董事长）的人口特征差异是否不同。结果表明，这两类高管与总经理和董事长的年龄差异（分别为 $F = 157.26$，$df = 2$，$p < 0.001$ 和 $F = 180.08$，$df = 2$，$p < 0.001$）、任职时间差异（分别为 $F = 12.50$，$df = 2$，$p < 0.001$ 和 $F = 28.17$，$df = 2$，$p < 0.001$）和受教育程度差异（分别为 $F = 23.50$，$df = 2$，$p < 0.001$ 和 $F = 22.34$，$df = 2$，$p < 0.001$）均非常显著，从而为上述做法提供了支持。此外，由于人口特征差异既可能引起自愿离职，也可能引起非自愿离职（Godthelp & Glunk，2003），因而没有对这两种类型的离职进行区分。高管在2001～2003年间的离职情况用一个虚拟变量进行测量，即用1表示出现了离职情况，0表示没有出现离职情况。

高管—总经理人口特征差异。如果高管比总经理年长，则高管—总经理年龄差异（ageDifGM）的值为1，否则为0。注意到年龄虽然是定比性质的数据，但是本章没有通过高管和总经理年龄直接相减的方法来计算高管—总经理年龄差异，这是出于提高 logistic 回归检验功效（power）的考虑（王济川和郭志刚，2001）。高管—总经理任职时间差异（tenureDifGM）采用同样方法进行测量。高管—总经理受教育程度差异（eduDifGM）的计算方法为高管的受教育程度减去总经理的受教育程度。高管—总经理性别差异（genderDifGM）和职业路径差异（careerDifGM）也分别通过虚拟变量进行测量。如果高管和总经理性别不同，则高管—总经理性别差异值为1，反之为0。如果高管—总经理职业路径不同，则高管—总经理职业路径差异值为1，反之为0。

高管—董事长人口特征差异。高管—董事长年龄差异（ageDifChair）、任职时间差异（tenureDifChair）、受教育程度差异（eduDifChair）、性别差异（genderDifChair）和职业路径差异（careerDifChair）的计算方法和上述相应的高管—总经理人口特征差异计算方法相同。

总经理兼任董事长情况（dual）用一个虚拟变量进行测量，即用1代表总经理兼任董事长，0代表相反情况。高管兼任董事情况（dir）也用一个虚拟变量进行测量，即用1代表高管兼任董事，0代表相反情况。

企业绩效水平（perf）操作化定义为 2001～2003 年经行业调整的资产回报率的均值。具体计算方法分三步：首先计算 2001～2003 年各年企业资产回报率及行业资产回报率；然后以相同年份的企业资产回报率减去行业资产回报率作为企业当年经行业调整的资产回报率；最后将各年经行业调整的资产回报率进行简单平均。由于企业绩效水平以调节变量的形式出现，而交互项中的负值会对数据分析及结果解释产生不利影响（Allison，1978a），因此，本章在回归分析前对企业绩效水平进行了转换：即非负值转换为 0，负值转换为 1。企业绩效波动（perfVa）操作化定义为考察期内各年经行业调整的资产回报率的标准差。

高管的人口特征作为控制变量纳入研究。年龄（age）为 2000 年减去高管出生年份；任职时间（tenure）指在本企业担任高管职务的年数，计算方法为至 2000 年 12 月 31 日担任高管职务的天数除以 365；受教育程度（edu）的测量方法为：1 表示高中、中专及以下，2 表示大专和本科，3 表示研究生；性别（gender）的测量方法为：1 表示女性，0 表示男性；职业路径（career）用以区分高管是从外部聘用的还是内部提升的（Boone et al.，2004），用 1 表示前者，0 表示后者。

总经理和董事长的人口特征和离职情况也作为控制变量纳入分析。它们的操作化定义方法与上文高管的人口特征和离职变量相同。总经理的年龄、任职时间、受教育程度、性别、职业路径和离职情况分别用 ageGM、tenureGM、eduGM、genderGM、careerGM 和 exitGM 表示；董事长的年龄、任职时间、受教育程度、性别、职业路径和离职情况分别用 ageChair、tenureChair、eduChair、genderChair、careerChair 和 exitChair 表示。

三、参数估计方法

高管离职被操作化定义为二分类变量，本章采用 logistic 模型作为参数估计方法。在社会科学领域，logistic 模型是对二分类变量进行回归分析时应用最为广泛的多元量化分析方法（王济川和郭志刚，2001）。尽管这一方法的应用是如此广泛，以往的应用中仍然暴露出一些问题，其中需要特别注意的是模型的假设条件和拟合优度。对于模型的假设条件，和 OLS 估计相比，logistic 回归自变量不需要满足方差齐性（homoscedasticity）和多元正态分布的假设条件，但是这种回归方法对多重共线性问题敏感。关于模型的拟合优度评估，以往的许多应用都有所忽略（Hosmer，Taber & Lemeshow，1991）。按照王济川和郭志刚（2001）推荐的做法，本章报告了两个评价 logistic 回归模型拟合情况的指标：模型和 Hosmer-Lemeshow 拟合优度指标。前者用于检查自变量和所研究事件的对数发生比是否线性相关，后者用于评估模型的拟合优度。模型显著，同时 Hosmer-Lemeshow 拟合优度指标不显著表明模型设定是恰当的（adequacy）。

第三节 统计分析结果

表 7 - 1 和表 7 - 2 给出了变量的描述性统计数据和相关系数矩阵。由于检验假设 1a、2、3、4、5a 与 6a 和检验假设 1b、5b 与 6b 分别基于高管—总经理对和高管—董事长对，因此，我们对这两部分样本对应变量的描述性统计数据和相关系数矩阵分别作了报告。表 1 和表 2 显示，只有高管—总经理性别差异和高管性别（$r = 0.84$）以及高管—董事长性别差异和高管性别（$r = 0.83$）高度相关。尽管学术界关于多高的相关程度会导致严重的多重共线性问题存在争议，但是，一般认为，两个变量的相关系数不应高于 0.75（Green，1978）。为了评估上述变量高度相关可能导致的不利后果，我们对 logistic 回归模型进行了试算。结果表明，将这两个变量同时纳入回归与否对其他变量的参数估计结果的影响并不显著，因此可以认为，相关模型的估计还是比较稳定的。

表 7 – 1　描述性统计数据和相关系数矩阵（高管—总经理对）

变量	Mean	s.d.	1	2	3	4	5	6	7	8	9	10	11	12	13	14	15	16	17	18	19	20
1. exit	0.34	0.48																				
2. age	42.41	7.16	-0.01																			
3. tenure	2.09	1.66	0.04	0.25																		
4. edu	2.18	0.51	-0.03	-0.30	-0.09																	
5. gender	0.11	0.31	-0.03	0.04	0.01	-0.04																
6. career	0.28	0.45	0.13	-0.02	-0.08	0.11	-0.03															
7. ageGM	44.85	7.39	0.00	0.15	0.07	-0.01	0.01	-0.07														
8. tenureGM	2.43	1.78	-0.01	0.09	0.42	-0.02	0.02	-0.10	0.21													
9. eduGM	2.30	0.51	0.00	-0.01	0.00	0.15	0.02	0.06	-0.36	-0.10												
10. genderGM	0.04	0.19	0.02	-0.01	0.02	0.00	0.00	0.02	0.02	0.03	-0.02											
11. careerGM	0.34	0.47	0.12	-0.01	0.00	0.05	0.00	0.39	-0.08	-0.20	0.08	0.02										
12. exitGM	0.54	0.50	0.20	0.00	0.03	0.03	-0.01	0.07	0.12	0.00	-0.08	0.04	0.16									
13. ageDifGM	0.37	0.48	0.03	0.53	0.11	-0.18	0.04	0.02	-0.48	-0.08	0.20	0.00	0.04	-0.06								
14. tenureDifGM	0.18	0.39	0.10	0.12	0.34	-0.06	0.00	0.03	-0.14	-0.31	0.07	0.00	0.21	0.06	0.15							
15. eduDifGM	-0.12	0.67	-0.02	-0.22	-0.07	0.65	-0.04	0.04	0.27	0.06	-0.65	0.01	-0.02	0.09	-0.29	-0.10						
16. genderDifGM	0.14	0.34	-0.02	0.02	0.01	-0.02	0.84	0.00	0.02	0.02	0.01	0.43	0.00	0.01	0.02	0.00	-0.02					
17. careerDifGM	0.26	0.44	0.06	-0.02	0.00	0.02	0.02	0.14	-0.05	-0.07	0.00	0.02	0.34	0.06	0.04	0.10	0.01	0.03				
18. dual	0.18	0.39	-0.04	0.05	0.07	0.01	0.03	0.02	0.14	0.10	-0.03	0.00	0.00	0.09	-0.04	-0.04	0.03	0.02	0.06			
19. dir	0.44	0.50	-0.05	0.12	0.17	0.03	-0.04	0.00	0.01	0.04	-0.03	0.03	-0.03	0.03	0.07	0.06	0.05	-0.03	-0.04	0.13		
20. perf	0.49	0.50	0.07	0.02	0.03	-0.05	-0.02	-0.02	0.08	0.04	-0.08	0.03	0.01	0.15	-0.03	0.04	0.02	0.00	0.01	0.04	0.04	
21. perfVa	0.07	0.10	0.13	0.03	0.03	0.00	0.00	0.06	-0.05	0.03	0.01	0.08	0.12	0.18	0.01	0.12	0.00	0.03	0.07	0.02	0.01	0.32

说明：（1）$n = 4224$；$|r| > 0.03$ 时，$p < 0.05$，$|r| > 0.04$ 时，$p < 0.01$；

（2）数据用于检验假设 1a、2、3、4、5a 与 6a。

表 7-2 描述性统计数据和相关系数矩阵（高管—董事长对）

变量	Mean	s.d.	1	2	3	4	5	6	7	8	9	10	11	12	13	14	15	16	17	18	19	20
1. exit	0.34	0.48																				
2. age	42.41	7.16	-0.01																			
3. tenure	2.09	1.66	0.04	0.25																		
4. edu	2.18	0.51	-0.03	-0.30	-0.09																	
5. gender	0.11	0.31	-0.03	0.04	0.01	-0.04																
6. career	0.28	0.45	0.13	-0.02	-0.08	0.11	-0.03															
7. ageChair	49.80	8.35	-0.03	0.11	0.04	-0.02	-0.02	-0.06														
8. tenureChair	2.81	1.89	0.00	0.07	0.41	0.00	0.02	-0.05	0.23													
9. eduChair	2.25	0.55	0.01	-0.05	-0.05	0.14	0.02	0.00	-0.19	-0.05												
10. genderChair	0.04	0.19	0.00	0.00	-0.01	0.03	0.04	-0.02	0.00	0.03	0.05											
11. careerChair	0.36	0.48	0.06	-0.03	-0.05	0.08	0.00	0.12	-0.05	-0.32	0.04	-0.03										
12. exitChair	0.39	0.49	0.23	0.02	0.01	0.00	-0.03	0.07	0.11	-0.05	-0.06	0.01	0.21									
13. ageDifChair	0.21	0.41	0.03	0.43	0.10	-0.14	0.04	0.03	-0.48	-0.10	0.15	0.01	0.04	0.00								
14. tenureDifChair	0.14	0.34	0.09	0.10	0.30	-0.03	-0.01	0.00	-0.11	-0.28	0.01	-0.04	0.29	0.15	0.15							
15. eduDifChair	-0.07	0.70	-0.03	-0.18	-0.03	0.63	-0.04	0.08	0.14	0.04	-0.68	-0.02	0.02	0.05	-0.22	-0.03						
16. genderDifChair	0.13	0.34	-0.03	0.03	0.00	-0.03	0.83	-0.03	-0.02	0.02	0.03	0.41	0.00	-0.02	0.03	-0.02	-0.04					
17. careerDifChair	0.39	0.49	0.03	0.00	-0.03	0.05	-0.02	0.21	0.00	-0.13	0.02	0.00	0.40	0.12	0.03	0.14	0.03	-0.01				
18. dual	0.18	0.39	-0.04	0.05	0.07	0.01	0.03	0.02	-0.07	0.12	0.04	0.00	-0.24	-0.18	0.09	-0.11	-0.02	0.02	-0.09			
19. dir	0.44	0.50	-0.05	0.12	0.17	0.03	-0.04	0.00	-0.02	0.07	0.01	-0.02	-0.10	-0.05	0.08	-0.03	0.02	-0.03	-0.06	0.13		
20. perf	0.49	0.50	0.07	0.02	0.03	-0.05	-0.02	-0.02	0.03	0.03	-0.02	-0.04	-0.03	0.15	0.03	0.01	0.01	-0.03	0.00	0.04	0.04	
21. perfVa	0.07	0.10	0.13	0.02	0.03	0.00	0.06	-0.05	-0.05	0.05	-0.02	-0.04	0.01	0.20	0.03	0.06	0.01	-0.01	0.01	0.02	0.01	0.32

说明：(1) $n=4224$；$|r|>0.03$ 时，$p<0.05$，$|r|>0.04$ 时，$p<0.01$。

(2) 数据用于检验假设 1b、5b 与 6b。

127

表 7-3 和表 7-4 分别给出了高管—总经理人口特征差异和高管—董事长人口特征差异对高管离职影响的 logistic 模型回归结果。

假设 1a 认为，高管比总经理更年长、任职时间更长、受教育程度更高会提高高管离职率；而高管—总经理之间的性别和职业路径差异与高管离职不相关。模型 2 的回归结果表明，有关年龄、任职时间、性别和职业路径的假设得到了有力的支持，高管—总经理受教育程度差异对高管离职的作用则不显著。这表明假设 1a 得到了部分支持。假设 1b 就高管—董事长人口特征差异对高管离职的影响作出了与假设 1a 一致的预测。模型 8 的回归结果表明，高管任职时间长于董事长对其离职具有非常显著的作用（$p < 0.001$），而高管和董事长在其他四个人口特征上的差异对高管离职的作用均不显著，这表明假设 1b 也得到了部分支持。

假设 2 认为总经理兼任董事长降低高管离职率。模型 3 的回归结果表明，总经理兼任董事长能够有效降低担任非总经理职务的高管的离职率。注意到模型 3 中同时包含了高管—总经理人口特征差异和总经理兼任董事长的交互项。需要指出的是，在剔除上述交互项的情况下，总经理兼任董事长对于高管离职的主效应仍然是显著的（$p < 0.001$）。但是，模型 3 没有回答这一关系是否也适用于总经理本人。为此，合并总经理和其他高管这两类样本，在控制高管（总经理）人口特征的前提下进行回归分析，结果发现，总经理兼任董事长对于全体高管（包括总经理及其他高管）离职的主效应不显著。为了分析出现这种现象的原因，仅针对总经理样本运行上述模型；结果发现，总经理兼任董事长反而会显著提高总经理的离职率（$p < 0.01$）。这说明，总经理兼任董事长对于总经理自身和其他高管具有截然不同的效果。

假设 3 认为，总经理兼任董事长对高管—总经理人口特征差异和高管离职关系具有正向调节作用。模型 3 的回归结果表明，在年龄、任职时间和受教育程度这三个变量中，只有关于任职时间差异的假设得到了有力支持。除了总经理兼任董事长情况这一指标外，我们进一步分析了另两个表征总经理和董事会相对权力的指标的调节效应：一个是总经理的任职时间，另一个是董事会中高管所占比例。结果发现，这两个变量的调节作用均不显著。

假设 4 认为，高管兼任董事降低高管离职率。模型 4 和模型 9 没有就高管兼任董事对于高管离职的主效应进行单独检验。在这两个模型中剔除高管—总经理（董事长）人口特征差异和高管兼任董事的交互项，然后进行回归分析，结果表明，高管兼任董事的系数估计结果仍然是显著的（在模型4和模型9中分别为 $\hat{\beta} = -0.26$，$s.e. = 0.07$，$p < 0.001$ 和 $\hat{\beta} = -0.18$，$s.e. = 0.07$，$p < 0.05$），从而为假设4提供了较好的支持。

假设5a预测高管兼任董事和高管—总经理人口特征差异对于高管离职具有负向的交互效应。模型4对这一假设进行了检验，结果表明，高管—总经理年龄、任职时间、受教育程度差异和高管兼任董事的交互效应均不显著。因此，假设5a不成立。假设5b预测高管兼任董事和高管—董事长人口特征差异对于高管离职具有负向的交互效应。模型9的回归结果表明，高管—董事长年龄差异和高管兼任董事的交互效应显著，高管—董事长任职时间差异和高管兼任董事的交互效应勉强显著（$p < 0.10$），而高管—董事长受教育程度差异和高管兼任董事的交互效应不显著。这说明，假设5b得到了部分支持。进一步分析表明，表征高管权力的另一个指标，即高管拥有的头衔数量对高管—董事长年龄差异和高管离职关系具有显著的调节作用（$p < 0.01$）。

表7-3　高管—总经理人口特征差异对高管离职影响的 logistic 模型回归结果

变量	模型1		模型2		模型3		模型4		模型5		模型6	
	β	$s.e.$	β	$s.e.$	β	$s.e.$	β	$s.e.$	β	$s.e.$	β	$s.e.$
常数项	-0.24	0.39	-0.55	0.40	-0.69	0.40	-0.53	0.40	-0.73	0.40	-0.66	0.41
age	-0.01*	0.01	-0.03***	0.01	-0.03***	0.01	-0.02**	0.01	-0.03***	0.01	-0.03***	0.01
tenure	0.06*	0.02	-0.02	0.03	-0.02	0.03	0.00	0.03	-0.01	0.03	0.00	0.03
edu	-0.27***	0.07	-0.16	0.09	-0.16	0.09	-0.12	0.09	-0.14	0.09	-0.18	0.09
gender	-0.17	0.11	0.09	0.27	0.12	0.28	0.05	0.28	0.11	0.27	0.11	0.27
career	0.46***	0.08	0.49***	0.08	0.51***	0.08	0.50***	0.08	0.49***	0.08	0.49***	0.08
ageGM	-0.01	0.01	0.01	0.01	0.01*	0.01	0.01	0.01	0.01	0.01	0.01	0.01
tenureGM	-0.00	0.02	0.06*	0.02	0.07**	0.02	0.06*	0.02	0.05*	0.02	0.05	0.03
eduGM	0.02	0.07	-0.05	0.08	-0.04	0.08	-0.08	0.09	-0.04	0.08	-0.05	0.08
genderGM	0.14	0.17	0.37	0.27	0.41	0.28	0.35	0.27	0.37	0.27	0.32	0.27
careerGM	0.25**	0.08	0.18*	0.08	0.17*	0.08	0.17*	0.08	0.18*	0.08	0.16	0.08
exitGM	0.82***	0.07	0.81***	0.07	0.83***	0.07	0.82***	0.07	0.78***	0.07	0.76***	0.07
ageDifGM			0.32**	0.11	0.32**	0.11	0.34**	0.13	0.42**	0.13	0.37**	0.12

变量	模型1		模型2		模型3		模型4		模型5		模型6	
	β	s.e.	β	s.e.	β	s.e.	β	s.e.	β	s.e.	β	s.e.
tenureDifGM			0.55***	0.11	0.43***	0.11	0.61***	0.13	0.78***	0.14	0.56***	0.12
eduDifGM			-0.25	0.14	-0.29*	0.15	-0.34*	0.17	0.02	0.17	-0.29*	0.14
genderDifGM			-0.30	0.27	-0.33	0.28	-0.28	0.28	-0.32	0.27	-0.32	0.27
careerDifGM			0.08	0.08	0.12	0.08	0.07	0.08	0.09	0.08	0.08	0.08
dual					-0.60***	0.13						
ageDifGM × dual					0.06	0.20						
tenureDifGM × dual					0.86***	0.24						
eduDifGM × dual					0.29	0.26						
dir							-0.24*	0.10				
ageDifGM × dir							-0.01	0.14				
tenureDifGM × dir							-0.13	0.17				
eduDifGM × dir							0.14	0.20				
perf									0.42***	0.10		
ageDifGM × perf									-0.18	0.10		
tenureDifGM × perf									-0.47**	0.17		
eduDifGM × perf									-0.52***	0.20		
perfVa											1.89***	0.50
ageDifGM × perfVa											-0.24	0.73
tenureDifGM × perfVa											-0.86	0.76
eduDifGM × perfVa											1.34	0.83
χ^2 (df)	263.04*** (11)		303.18*** (16)		334.92*** (20)		317.81*** (20)		325.79*** (20)		333.31*** (20)	
HL (df)	11.38 (8)		9.38 (8)		2.81 (8)		12.23 (8)		18.06* (8)		5.54 (8)	

说明：（1）$n = 4224$；

（2）* $p < 0.05$，** $p < 0.01$，*** $p < 0.001$。

表 7 - 4　高管—董事长人口特征差异对高管离职影响的 logistic 模型回归结果

变量	模型 7		模型 8		模型 9		模型 10		模型 11	
	β	s. e.	β	s. e.	β	s. e.	β	s. e.	β	s. e.
常数项	0.05	0.37	0.05	0.38	-0.03	0.38	-0.11	0.38	-0.11	0.38
age	-0.01*	0.01	-0.01*	0.01	-0.01*	0.01	-0.01*	0.01	-0.01*	0.01
tenure	0.05*	0.02	0.01	0.03	0.02	0.03	0.02	0.03	0.02	0.03
edu	-0.27***	0.07	-0.33***	0.10	-0.30**	0.10	-0.32***	0.10	-0.35***	0.10
gender	-0.16	0.11	0.07	0.23	0.04	0.23	0.08	0.23	0.09	0.23
career	0.56***	0.07	0.58***	0.08	0.58***	0.08	0.58***	0.08	0.56***	0.08
ageChair	-0.01**	0.00	0.00	0.01	0.00	0.01	0.00	0.01	0.00	0.01
tenureChair	0.03	0.02	0.06*	0.02	0.06*	0.02	0.05*	0.02	0.05*	0.02
eduChair	0.10	0.06	0.13	0.08	0.13	0.08	0.13	0.08	0.14	0.08
genderChair	0.02	0.18	0.20	0.23	0.18	0.23	0.23	0.23	0.27	0.23
careerChair	0.03	0.08	0.02	0.08	0.01	0.08	0.02	0.08	0.03	0.08
exitChair	1.02***	0.07	1.00***	0.07	1.00***	0.07	0.97***	0.07	0.93***	0.07
ageDifChair			0.07	0.11	0.25	0.14	0.11	0.14	0.01	0.13
tenureDifChair			0.41***	0.12	0.50***	0.14	0.53***	0.15	0.49***	0.13
eduDifChair			0.13	0.14	0.18	0.16	0.31	0.16	0.06	0.15
genderDifChair			-0.26	0.23	-0.25	0.23	-0.26	0.23	-0.28	0.23
careerDifChair			-0.13	0.07	-0.14	0.08	-0.13	0.08	-0.12	0.08
dir					-0.03	0.09				
ageDifChair × dir					-0.34*	0.17				
tenureDifChair × dir					-0.29	0.17				
eduDifChair × dir					-0.19	0.19				
perf							0.28**	0.09		
ageDifChair × perf							-0.08	0.17		
tenureDifChair × perf							-0.24	0.19		
eduDifChair × perf							-0.37*	0.18		
perfVa									1.56**	0.45
ageDifChair × perfVa									0.86	0.86
tenureDifChair × perfVa									-1.45	0.84
eduDifChair × perfVa									1.35	0.93
χ^2 (df)	319.82*** (11)		337.63*** (16)		351.71*** (20)		349.22*** (20)		366.17*** (20)	
HL (df)	6.87 (8)		12.62 (8)		15.58 (8)		14.80 (8)		10.77 (8)	

说明：（1）$n = 4224$；

（2）* $p < 0.05$，** $p < 0.01$，*** $p < 0.001$。

假设 6a 预测，和企业绩效水平高、波动小的情况下相比，在企业绩效水平低、波动高的情况下，高管—总经理人口特征差异对高管离职的影响较弱。模型 5 的回归结果表明，尽管企业绩效水平低大大提高了高管离职的可能性，但是，它显著降低了高管—总经理人口特征差异对高管离职的影响，其中，企业绩效水平和高管—总经理年龄差异的交互作用不是很强（$p < 0.10$）；模型 6 的回归结果表明，企业绩效波动大显著提高高管离职率，但是对高管—总经理人口特征差异和高管离职关系的调节作用不显著。上述结果表明假设 6a 获得了部分支持。

假设 6b 认为，和企业绩效水平高、波动程度小的情况下相比，在企业绩效水平低、波动大的情况下，高管—董事长人口特征差异对高管离职的影响较弱。模型 10 的回归结果表明，在高管—董事长的年龄、任职时间和受教育程度三种人口特征差异中，仅有高管—董事长受教育程度差异和企业绩效水平对高管离职具有负向的交互效应；模型 11 的回归结果则显示上述三种人口特征差异和企业绩效波动的交互效应均不显著。这说明，假设 6b 仅获得微弱支持。

第四节　讨论

一、对假设检验结果的探讨和进一步研究方向

本章的主要目的是探讨这样两个密切相关的问题：（1）高管—总经理（董事长）人口特征差异对高管离职有何影响；（2）哪些情境因素会影响上述关系的强度和方向。考虑到高管离职既受到相似—吸引过程的影响，也受到组织中政治过程的影响，本章结合社会心理和社会政治视角提出假设，预测不符合社会规范的高管—总经理（董事长）人口特征差异将促进高管离职，并且这一关系受到高管—总经理（董事长）相对权力以及组织绩效的影响。关于高管—总经理对，研究表明，比总经理年长、任职时间长的高管更容易离职；总经理兼任董事长降低高管可能性，并对高管—总经理任职时间差异和高管离职关系具有正向的调节作用；高管兼任董事显著降低其离职可能性，但是对高管—总经理人口特征差异和高管离职关系的调节效应不显著；企业绩效水平低或波动大都显著提高高管的离职概率，并且前者对高管—总经理人口特征差异和高管离职的关系具有显著的负向调节作用，而后者的调节作用不显著。关于高管—董事长对，研究表明，比董事长年长的高管更容易离职；高管兼任董事

和高管—董事长年龄、任职时间差异对于高管离职具有负向的交互效应；和企业绩效水平高相比，在企业绩效水平低的情况下，高管—董事长受教育程度差异对高管离职的作用较弱。

尽管高管—总经理（董事长）垂直对人口特征差异和高管离职的关系（假设 1a 和 1b）得到了一定程度的支持，但是仍然有几个紧密相关的问题悬而未决：（1）除总经理和董事长外，其他高管之间的水平人口特征差异是否对高管离职具有显著影响。为了回答这一问题，在控制高管人口特征的条件下，分析高管年龄、任职时间和受教育程度的水平差异指标（采用欧拉距离测量），结果表明，高管年龄差异和任职时间差异与其离职显著正相关，高管受教育程度差异对高管离职也有一定的作用（$p < 0.10$）。（2）不考虑方向，高管—总经理（董事长）人口特征差异是否影响高管离职。分析发现，在控制高管和总经理人口特征以及总经理离职情况的前提下，高管—总经理任职时间差异的绝对值对高管离职具有一定程度的影响（$p < 0.10$）；在控制高管和董事长人口特征以及董事长离职情况的前提下，高管—董事长任职时间差异的绝对值对于高管离职也具有显著影响（$p < 0.01$）。这说明高管—总经理（董事长）任职时间差异和高管离职之间可能存在非线性关系。将高管和总经理（董事长）的任职时间直接相减，与其平方项一起纳入模型 1（模型 7），分析结果证实，高管—董事长任职时间差异和高管离职之间成 U 形关系。这些分析表明，高管团队中的人口特征差异可以通过多种途径以不同方式作用于产出变量。尽管 Tsui 等（2002）认为应当在一项研究中包含多个人口特征变量，以便控制不同变量的交叉影响和分析不同变量的独特作用，我们仍然建议在未来的研究中锁定单个人口特征变量，以便对其多重影响进行深入探讨。

在影响高管—总经理（董事长）人口特征差异和高管离职关系的诸多变量中，本章选择了高管和总经理在董事会中的任职情况以及企业绩效进行研究。在西方组织背景下开展的许多研究发现，权力是影响高管聘任、提升和离职的重要因素（Boeker，1992；Westphal & Zajac，1995；Zajac & Westphal，1996）。本章提供的证据是模棱两可的。其中的一个重要原因可能在于中国上市公司在解雇高管的决策中只拥有有限的自主权（张龙和李靖，2008）。Zhang 和 Parker（2002）基于中国电子行业的调查表明，和那些没有上市的国有企业相比，上市的国有企业因其重要性反而受到更多控制，表现之一就是在经理人的指派上具有较小的自由度。可以推测，对于民营（控股）上市公司，这一逻辑同样适用。目前，中国上市公司的股权改革仍然处于不断发展中，特别是，股权分置改革有助于加速中国上市公司行为和成熟市场经济条件下的企业趋同。我们建议在未来的研究中选取聘用高管市场化程度高的企业重新探讨权力在高管离职问题中的角色。

绩效水平和绩效波动尽管都对高管离职具有显著的主效应，但是就其对于高管—总经理（董事长）人口特征差异和高管离职关系的调节作用而言，前者显然扮演着更为重要的作用。这说明绩效水平低和波动大虽然都表征绩效不理想，都会促使总经理（董事长）作出改变，但是很显然，提高绩效水平显然对总经理（董事长）而言具有更强的紧迫感。

此外，比较有关年龄、任职时间和受教育程度的研究结果，不难发现，有关任职时间的假设获得了更多的支持。以往的研究表明，人口特征因性质不同而对产出变量具有不同的影响（Jackson，Joshi & Erhardt，2003）。与工作的关联程度是人口特征分类的常用标准（Webber & Donahue，2001）。相比较而言，任职时间与工作的关联程度要高于年龄和受教育水平。从本章的结果看，在高管—总经理对中，与工作高度相关的人口特征差异似乎扮演着更为重要的角色。这和 Tsui 等（2002）的研究结果是存在差异的。她们发现，上司—下属对的人口特征差异对角色外行为，而非角色内行为具有更大的影响。造成这一差异的原因可能在于两项研究所选择的样本不同。正如上文所提到的，和较低层级的垂直对相比，在高管—总经理对中，正式关系起着更为重要的作用。这也是本章在相似—吸引范式的基础上引入社会政治视角进行研究的一个重要原因。进一步的研究可以就不同性质的人口特征差异在高管—总经理互动中的作用进行研究。

最后，应当注意到，关于高管—总经理对和高管—董事长对的研究结论既有一致的地方，也有不一致的地方，但是并没有出现严重的冲突（比如，对高管离职的影响方向相反且都显著）。这说明，一方面，人口特征差异影响高管离职的动力机制中，总经理和董事长的作用确实具有一定的相似性；另一方面，由于董事长和总经理在组织中承担的角色和职能具有明显的差异，他们与高管的人口特征差异作用于高管离职的机制和途径是不完全相同的。考虑到本章的研究把总经理和董事长置于相似的地位，未来的研究至少可以从两个不同的方向进行深入探讨：一是分析高管—总经理和高管—董事长人口特征差异与产出变量的关系存在差异的原因；二是研究总经理和董事长的互动对于高管团队中垂直对人口特征和产出变量关系的影响，比如，董事长和总经理的相对权力是否会影响新任高管的人口特征。

二、研究意义

本研究的理论意义在于把职位层级看作一个情境变量，分析了高管团队中人口特征差异的方向问题，并得到了相关的经验证据。这突破了以往高管团队人口特征研究仅关注文化（Wiersema & Bird，1993）、环境（Keck，1997）和绩效（Boone et al.，2004）等宏观调节变量的做法，对于未来的研究探讨微观因素，特别是个体特征对高管人口特征差异—产出变量关系的影响具有积极的启示价值。

从实践意义看，本章的研究对于优化高管团队组成具有指导意义。比如，在企业绩效水平较高的情况下，高管—总经理的人口特征差异应尽可能符合社会规范；但是，在绩效水平低的情况下，可以不一定这么做。这些启示是以往针对整个高管团队的研究所无法提供的。

第八章

结论

本书基于 Hambrick & Mason（1984）以及 Carpenter, Geletkanycz & Sanders（2004）在西方背景下构建的高管团队人口特征模型，考虑中国的社会文化价值观和经济转型特点，发展了中国背景下高管团队人口特征影响高管离职的理论模型。在此基础上，我们针对高管团队人口特征及其对高管离职的影响提出了两类假说：首先，1991～2005 年期间，随着体制约束的减弱，中国企业高管团队人口特征呈现出多样化趋势；其次，中国企业高管的简单人口特征（如 MBA 教育）、高管团队内的人口特征差异以及高管团队中垂直对人口特征差异都可能影响高管离职，并且这种关系受到一些情境因素，如时间（企业改革进程）、企业所有制和高管选择方式的市场化程度等因素的影响。

我们采用1991～2005 年间沪、深上市公司及其高管的相关数据对上述假设进行了检验。针对八个人口特征的研究表明，与 1990 年代初期相比，2000年代初期中国上市公司高管团队在任职时间、性别、受教育专业、接受 MBA教育情况、来源和选择方式多样性程度上都有了显著提高，在年龄和受教育程度多样性上变化不显著。

为了检验高管人口特征和高管离职的关系，我们进行了三项相对独立的实证研究。第一项研究分析了 MBA 教育对于高管离职和提升的影响。结果表明，高管接受 MBA 教育有助于其保留职位，但是对其提升的影响不显著；同时，企业所有制和企业选择高管方式的市场化程度对上述关系具有调节作用。

第二项实证研究分析了高管与团队成员人口特征差异对其离职的影响。我们发现，任职时间差异对高管离职具有负面影响；选择方式差异则会促进高管离职；年龄差异、受教育专业差异和来源差异对高管离职不具有显著影响。对调节变量的研究表明，与 1999 年之前相比，1999 年以后，高管与团队成员的人口特征差异对高管离职的作用减弱了，而不象假设所预测的那样增强了；企

136

业选择高管的方式市场化程度越高，高管人口特征差异对其离职的影响越显
著；企业所有制的调节作用则不显著。

第三项实证研究结合社会心理视角和社会政治视角，探讨了高管团队中垂
直对人口特征差异和高管离职的关系，以及两者关系如何受到权力和企业绩效
的影响。基于沪深上市公司高管数据的分析表明，就高管—总经理对而言，高
管比总经理更为年长、任职时间更长、受教育程度更高会提高高管离职概率；
这一关系在企业绩效低于行业平均水平的情况下变得较弱；如果总经理兼任董
事长，那么高管任职时间长于总经理对于高管离职的作用更强。就高管—董事
长对而言，比董事长年长的高管更容易离职；在企业绩效低于行业平均水平的
情况下，高管受教育程度高于董事长对其离职的影响较小；如果高管兼任董
事，那么高管年龄高于董事长或者任职时间长于董事长对其离职的作用较弱。

本书对于高管（团队）人口特征领域的研究至少有两方面的贡献：首先，
拓展了高管团队人口特征领域的研究范畴，这主要体现在两点：一是直接引入
了管理层级，考察了高管团队人口特征的非对称性问题；二是研究了一些新的
人口特征变量，如接受 MBA 教育情况和高管选择方式。其次，本书中的一些
研究虽然在一定程度上重复了西方同类研究，但是它超越了简单重复。
Wiersema 和 Bird（1993，p. 1021）指出，"比较研究经常被指责为简单重复，
多半就是把已经在一个国家做过的研究在另一个国家重复。"本书不但发掘了
中国情境因素的调节作用，而且事实上也得到了不同于已有研究的结论，这将
会对组织人口特征理论的深化和完善有启示和推动作用。本研究得到的结论在
诸多方面不同于已有研究，反映了中国与日本、欧美企业至少在高管离职这一
企业行为上存在不小的差异。在目前以及今后相当长的一段时间内，中国企业
管理实践的国际化是一个大趋势，对管理学研究者而言，相关研究的国际化也
是如此。但是，本书的研究从一个侧面说明，中国管理实践和研究都必须植根
于中国背景。

参考文献

中文著作

王济川，郭志刚．2001．Logistic 回归模型——方法与应用．北京：高等教育出版社．

中文论文

朱红军．2002．我国上市公司高管更换的现状分析．管理世界，（5）：126～141．

宋德舜，宋逢明．2005．国有控股、经营者变更和公司绩效．南开管理评论，8（1）：10～15．

徐淑英，张志学．2005．管理问题与理论建立：开展中国本土管理研究的策略．南大商学评论，7：1～18．

班茂盛，祝成生．2000．户籍改革的研究现状及实际进展．人口与经济，（1）：46～51．

曹廷求，段玲玲．2005．治理机制、高管特征与农村信用社经营绩效．南开管理评论，8（4）：97～102．

魏立群，王智慧．2002．我国上市公司高管特征与企业绩效的实证研究．南开管理评论，5（4）：16～22．

刘武俊．2003．户籍改革让户口成为收藏品．科学中国人，（5）：16～18．

刘树林，唐均．2004．差异性、相似性和受教育背景对高层管理团队影响的国外研究综述．管理工程学报，18（2）：90～93．

刘树林，唐均．2005．成员差异性对群体绩效影响的国外研究综述．科研管理，26（5）：141～146．

孙海法，姚振华，严茂胜．2006．高管团队人口统计特征对纺织和信息技术公司经营绩效的影响．南开管理评论，9（6）：61～67．

张平．2006．高层管理团队异质性研究的综述．科技管理研究，（8）：143～148．

张必武，石金涛．2005．国外高管团队人口特征与企业绩效关系研究新进展．外国经济与管理，27（6）：17～23．

张龙，刘洪．2006．上市公司经营者继任的绩效意义．南开管理评论，9（4）：49～54．

张龙，李靖．2008. MBA 教育对高管离职与提升的影响分析．管理案例研究与评论，1（4）：8～14.

张龙，刘洪．2009. 高管团队中垂直对人口特征差异对高管离职的影响．管理世界，（4）：108～118.

陈冬华，陈信元，万华林．2005. 国有企业中的薪酬管制与在职消费．经济研究，（2）：92～101.

陈传明，孙俊华．2008. 企业家人口背景特征与多元化战略选择——基于中国上市公司面板数据的实证研究．管理世界，（5）：124～133.

黄晓飞，井润田．2006. 股权结构和高层梯队与公司绩效的关系．管理学报，3（3）：336～346.

英文著作

Finkelstein, S. & Hambrick, D. C. 1996. *Strategic Leadership: Top Executives and Their Effects on Organizations.* Minneapolis: West Publishing.

Flatt, S. 1993. *The innovative edge: How Top Management Team Demography Makes a Difference.* Unpublished doctoral thesis, University of Clifornia at Berkeley.

Green, D. E. 1978. *Analyzing Multivariate Data.* Hinsdale, IL: Dryden Press.

Hofstede, G. 2001. *Culture's Consequences: Comparing Values, Behaviors, Institutions, and Organizations across Nations* (2*nd ed.*). Thousand Oaks, CA: Sage.

Hosmer, D. W., Jr. & Lemeshow, S. 1999. *Applied Survival Analysis: Regression Modeling of Time to Event.* New York: John Wiley & Sons, Inc.

Shaw, M. E. 1976. *Group Dynamics: The Psychology of Small Group Behavior.* New York: McGraw-Hill.

Tsui, A. S. & Gutek, B. A. 1999. *Demographic Differences in Organizations: Current Research and Future Directions.* New York: Lexington Press.

Turner, J. C., Hogg, M. A., Oakes, P. J., Reicher, S. D., & Wetherell, M. S. 1987. *Rediscovering the Social Group: A Self-Categorization Theory.* Oxford, United Kingdom: Blackwell.

英文论文

Alexander, J., Nuchols, B., Bloom, J. & Lee, S. Y. 1995. Organizational Demography and Turnover: An Examination of Multiform and Nonlinear HeterOgeneity. *Human Relations*, 48: 1455～1480.

Allen, T., Panian, S. & Lotz, R. 1979. Managerial Succession and Organizational Performance: A Recalcitrant Problem Revisited. *AdministrAtive Science Quarterly*, 24: 167～180.

Allison, P. D. 1978a. Testing for Interaction in Multiple Regression. *American Journal of Sociology*, 83: 144 ~ 153.

Allison, P. D. 1978b. Measures of Inequality. *American Sociological Review*, 43 (6): 865 ~ 880.

Amason, A. C. 1996. Distinguishing the Effects of Functional and Dysfunctional Conflict on Strategic Decision Making: Resolving a Paradox for Top Management Teams. *Academy of Management Journal*, 39 (1): 123 ~ 148.

Amason, A. C. & Sapienza, H. J. 1997. The Effects of Top Management Team Size and Interaction Norms on Cognitive and Affective Conflict. *Journal of Management*, 23 (4): 495 ~ 516.

Ashforth, B. E. & Mael, F. 1989. Social Identity Theory and the Organization. *Academy of Management Review*, 14 (1): 20 ~ 39.

Athanassiou, N. & Nigh, D. 1999. The Impact of U. S. Company Internationalization on Top Management Team Advice Networks: A Tacit Knowledge Perspective. *Strategic Management Journal*, 20: 83 ~ 92.

Bantel, K. A. & Jackson, S. E. 1989. Top Management and Innovation in Banking: Does the Composition of Top Team Make a Difference? *Strategic Management Journal*, 10 (Special Issue): 107 ~ 124.

Bantel, K. A. & Wiersema, M. F. 1992. A Comprehensive Model of Top Team Turnover, *GSM Working Paper #ST91004*: University of California at Irvine.

Barney, J. 1991. Firm Resources and Sustained Competitive Advantage. *Journal of Management*, 17 (1): 99 ~ 120.

Bergh, D. D. 2001. Executive Retention and Acquisition Outcomes: A Test of Opposing Views on the Influence of Organizational Tenure. *Journal of Management*, 27: 603 ~ 622.

Bertrand, M. & Schoar, A. 2003. Managing With Style: The Effect of Managers on Firm Policies. *Quarterly Journal of Economics*, CXVIII (4): 1169 ~ 1208.

Björkman, I. & Lu, Y. 1999. The Management of Human Resources in Chinese-Western Joint Ventures. *Journal of World Business*, 34 (3): 306 ~ 324.

Boeker, W. & Good Stein, J. 1991. Organizational Performance and Adaptation: Effects of Environment and Performance on Changes in Board Composition. *Academy of Management Journal*, 34 (4): 805 ~ 826.

Boeker, W. 1992. Power and Managerial Dismissal: Scapegoating at the Top. *Administrative Science Quarterly*, 37 (3): 400 ~ 421.

Boeker, W. 1997a. Strategic Change: The Influence of Managerial Characteristics and Organizational Growth. *Academy of Management Journal*, 40 (1): 152 ~ 170.

Boeker, W. 1997b. Executive Migration and Strategic Change: The Effect of Top Management Movement on Product-market Entry. *Administrative Science Quarterly*, 42 (2): 213 ~ 236.

Bond, M. H. & Forgas, J. P. 1984. Linking Person Perception to Behavior Intention Across Cultures: The Role of Cultural Collectivism. *Journal of Cross-Cultural Psychology*, 15: 337 ~ 352.

Boone, C. , Olffen, W. V. , Witteloostuijn, A. V. , & Brabander, B. D. 2004. The Genesis of Top Management Team Diversity: Selective Turnover Among Top Management Teams in Dutch Newspaper Publishing, 1970 ~ 94. *Academy of Management Journal*, 47 (5): 633 ~ 656.

Boyacigiller, N. A. & Adler, N. J. 1991. The Parochial Dinosaur: Organizational Science in a Global Context. *Academy of Management Review*, 16 (2): 262 ~ 290.

Brew, F. P. & David, R. C. 2004. Styles of Managing Interpersonal Workplace Conflict in Relation to Status and Face Concern: A Study With Anglos and Chinese. *The International Journal of Conflict Management*, 15 (1): 27 ~ 56.

Burt, R. S. 2000. The Network Structure of Social Capital. In R. I. Sutton & B. M. Straw (Eds.), *Research in Organizational Behavior*, Vol. 22: 345 ~ 423. Greenwich, CT: JAI Press.

Byrne, D. E. 1971. *The Attraction Paradigm.* New York: Academic Press.

Carpenter, M. A. & Fredrickson, J. W. 2001a. Top Management Teams, Global Strategic Posture, and the Moderating Role of Uncertainty. *Academy of Management Journal*, 44 (3): 533 ~ 545.

Carpenter, M. A. , Sanders, W. G. , & Gregersen, H. B. 2001b. Building Human Capital With Organizational Context: The Impact of International Assignment Experience on Multinational Firm Performance and CEO pay. *Academy of Management Journal*, 44 (3): 493 ~ 511.

Carpenter, M. A. 2002. The Implications of Strategy and Social Context for the Relationship Between Top Management Team Heterogeneity and Firm Performance. *Strategic Management Journal*, 23: 275 ~ 284.

Carpenter, M. A. , Pollock, T. G. , & Leary, M. M. 2003. Testing a Model of Reasoned Risk-taking: Governance, the Experience of Principals and Agents, and Global Strategy in High-technology IPO Firms. *Strategic Management Journal*, 24: 803 ~ 820.

Carpenter, M. A. , Geletkanycz, M. A. , & Sanders, W. G. 2004. Upper Echelons Research Revisited: Antecedents, Elements, and Consequences of Top Management Team Composition. *Journal of Management*, 30 (6): 749 ~ 778.

Carroll, G. R. & Harrison, J. R. 1998. Organizational Demography and Culture: Insight From a Formal Model and Simulation. *Administrative Science Quarterly*, 43 (3): 637 ~ 667.

Castanias, R. P. & Helfat, C. E. 1991. Managerial Resources and Rents. *Journal of Management*, 17 (1): 155 ~ 171.

Chatman, J. A., Polzer, J. T., Barsade, S. G., & Neale, M. A. 1998. Being Different Yet Felling Similar: The Influence of Demographic Composition and Organizational Culture on Work Processes and Outcomes. *Administrative Science Quarterly*, 43 (4): 749~780.

Chattopadhyay, P. 1999. Beyond Direct and Symmetrical Effects: The Influence of Demographic Dissimilarity on Organizational Citizenship Behavior. *Academy of Management Journal*, 42 (3): 273~287.

Chattopadhyay, P., George, E., & Lawrence, S. A. 2004. Why Does Dissimilarity Matter? Exploring Self-categorization, Self-enhancement, and Uncertainty Reduction. *Journal of Applied Psychology*, 89 (5): 892~900.

Chen, G. & Tjosvold, D. 2002. Conflict Management and Team Effectiveness in China: The Mediating Role of Justice. *Asia Pacific Journal of Management*, 19: 557~572.

Chen, X. & Chen, C. C. 2004a. On the Intricacies of the Chinese Guanxi: A Process Model of Guanxi Development. *Asia Pacific Journal of Management*, 21: 305~324.

Chen, Z., Wakabayashi, M., & Takeuchi, N. 2004b. A Comparative Study of Organizational Context Factors Managerial Career Progress: Focusing on Chinese Stated-owned, Sino-foreign Joint Venture and Japanese Corporation. *International Journal of Human Resource Management*, 15 (5): 750~774.

Choi, J. N. 2007. Group Composition and Employee Creative Behaviour in a Korean Electronics Company: Distinct Effects of Relational Demography and Group Diversity. *Journal of Occupational and Organizational Psychology*, 80: 213~234.

Cohen, B. D. & Dean, T. J. 2005. Information Asymmetry and Investor Valuation of IPOs: Top Management Team Legitimacy as a Capital Market Signal. *Strategic Management Journal*, 26: 683~690.

Collins, C. & Clark, K. D. 2003. Strategic Human Resource Practices, Top Management Team Social Networks, and Firm performance: The Role of Human Resources Practices in Creating Organizational Competitive Advantage. *Academy of Management Journal*, 46 (6): 740~751.

Dalton, D. R. & Kesner, I. F. 1985. Organization Performance as an Antecedent of Inside/outside Chief Executive Succession. *Academy of Management Journal*, 28: 749~762.

Datta, D. K., Rajagopalan, N., & Zhang, Y. 2003. New CEO Openness to Change and Strategic Persistence: The Moderating Role of Industry Characteristics. *British Journal of Management*, 14: 101~114.

Earley, P. C. 1989. Social Loafing and Collectivism: A Comparison of the United States and the People's Republic of China. *Administrative Science Quarterly*, 34 (4): 565~581.

Eisenhardt, K. M. & Schoonhoven, C. B. 1996. Resource-based View of Strategic Alliance

Formation: Strategic and Social Effects in Entrepreneurial Firms. *Organization Science*, 7 (2): 136 ~ 150.

Elvira, M. M. & Cohen, L. E. 2001. Location matters: Across-level Analysis of the Effects of Organizational Sex Composition on Turnover. *Academy of Management Journal*, 44 (3): 591 ~ 605.

Farh, J. L. , Tsui, A. S. , Xin, K. , & Cheng, B. S. 1998. The Influence of Relational Demography and Guanxi: The Chinese Case. *Organization Science*, 9 (4): 471 ~ 488.

Ferrier, W. J. 2001. Navigating the Competitive Landscape: The Drivers and Consequences of Competitive Aggressiveness. *Academy of Management Journal*, 44 (4): 858 ~ 877.

Finkelstein, S. & Hambrick, D. C. 1990. Top-Management-Team Tenure and Organizational Outcomes: The Moderating Role of Managerial Discretion. *Administrative Science Quarterly*, 35: 484 ~ 503.

Gao, G. 1998. An Initial Analysis of the Effects of Face and Concern for "other" in Chinese Interpersonal Communication. *International Journal of Intercultural Relations*, 22 (4): 467 ~ 482.

Geletkanycz, M. A. & Hambrick, D. C. 1997. The External Ties of Top Executives: Implications for Strategic Choice and Performance. *Administrative Science Quarterly*, 42 (4): 654 ~ 681.

Geletkanycz, M. A. & Black, S. S. 2001. Bound by the Past? Experienced-based Effects on Commitment to the Strategic Status Quo. *Journal of Management*, 27: 3 ~ 21.

Godthelp, M. & Glunk, U. 2003. Turnover at the Top: Demographic Diversity as a Determinant of Executive Turnover in the Setherland. *European Management Journal*, 21 (5): 614 ~ 625.

Goodall, K. , Warner, M. , & Lang, V. 2004. HRD in the People's Republic: The MBA 'with Chinese characteristics' . *Journal of World Business*, 39: 311 ~ 323.

Hambrick, D. C. & Mason, P. A. 1984. Upper echelons: The Organization as a Reflection of Its Top Managers. *Academy of Management Review*, 9 (2): 193 ~ 206.

Hambrick, D. C. & Fukotomi, G. D. 1991. The Seasons of a CEO's Tenure. *Academy of Management Review*, 16: 719 ~ 742.

Hambrick, D. C. 1994. Top Management Groups: A Conceptual Integration and Reconsideration of the "Team" Label. In B. Straw & L. L. Cummings (Eds.), *Research in Organizational Behavior*, Vol. 16: 171 ~ 213. Beverly Hill: JAI Press.

Hambrick, D. C. , Cho, T. S. , & Chen, M. -J. 1996. The Influence of Top Management Team Heterogeneity on Firms' Competitive Moves. *Administrative Science Quarterly*, 41 (4): 659 ~ 684.

Haveman, H. A. 1995. The Demographic Metabolism of Organizations: Industry Dynamics,

Turnover, and Tenure Distribution. *Administrative Science Quarterly*, 40 (4): 586 ~ 618.

Ho, D. Y. 1976. On the Concept of Face. *American Journal of Sociology*, 81: 867 ~ 884.

Hofstede, G. & Bond, M. H. 1988. The Confucius Connection: From Cultural Roots to Economic Growth. *Organizational Dynamics*, 16 (4): 5 ~ 21.

Hogg, M. A. & Terry, D. J. 2000. Social Identity and Self-categorization Processes in Organizational Contexts. *Academy of Management Journal*, 25 (1): 121 ~ 140.

Hosmer, D. W. J., Taber, S., & Lemeshow, S. 1991. The Importance of Assessing the Fit of Logistic Regression Models: A Case Study. *American Journal Of Public Health*, 81: 1630 ~ 1635.

Hwang, K. K. 1987. Face and Favor: The Chinese Power Game. *American Journal of Sociology*, 92 (4): 944 ~ 974.

Hwang, K. K. 1997 ~ 1998. Guanxi and Mientze: Conflict Resolution in Chinese Society. *International Communication Studies*, 7 (1): 17 ~ 42.

Jackson, S. E., Brett, J. F., Sessa, V. I., Cooper, D. M., Julin, J. A., & Peyronnin, K. 1991. Some Differences Make a Difference: Individual Dissimilarity and Group Heterogeneity as Correlates of Recruitment, Promotions, and Turnover. *Journal of Applied Psychology*, 76: 675 ~ 689.

Jackson, S. E., Joshi, A., & Erhardt, N. L. 2003. Recent Research on Team and Organizational Diversity: SWOT Analysis and Implications. *Journal of Management*, 29 (6): 801 ~ 830.

Jensen, M. & Zajac, E. J. 2004. Corporate Elites and Corporate Strategy: How Demographic Preferences and Structural Position Shape the Scope of the Firm. *Strategic Management Journal*, 25: 507 ~ 524.

Joshi, A. 2006. The Influence of Organizational Demography on the External Networking Behavior of Teams. *Academy of Management Review*, 31 (3): 583 ~ 595.

Kao, J. 1993. The Worldwide Web of Chinese Business. *Harvard Business Review*, 71: 24 ~ 34.

Kaplan, E. L. & Meier, P. 1958. Nonparametric Estimator From Incomplete Observations. *Journal of the American Statistical Association*, 53: 457 ~ 481.

Katz, R. 1982. The Effects of Group Longevity on Project Communication and Performance. *Administrative Science Quarterly*, 27 (1): 81 ~ 104.

Keck, S. L. & Tushman, M. L. 1993. Environmental and Organizational Context and Executive Team Structure. *Academy of Management Journal*, 36 (6): 1314 ~ 1344.

Keck, S. L. 1997. Top Management Team Structure: Differential Effects by Environment Context. *Organization Science*, 8 (2): 143 ~ 156.

Kesner, I. F. & Sebora, T. C. 1994. Executive Succession: Past, Present & Future. *Journal of Management*, 20 (2): 327 ~ 372.

Kim, J. Y. & Nam, S. H. 1998. The Concept and Dynamics of Face: Implications for Organizational Behavior in Asia. *Organizational Science*, 9: 522 ~ 534.

Knight, D. , Pearce, C. L. , Smith, K. G. , Olian, J. D. , Sims, H. P. , Smith, K. A. , & Flood, P. 1999. Top Management Team Diversity, Group Process, and Strategic Consensus. *Strategic Management Journal*, 20: 445 ~ 465.

Kor, Y. T. 2003. Experience-based Top Management Team Competence and Sustained Growth. *Organization Science*, 8 (2): 143 ~ 156.

Krishnan, H. A. , Miller, A. , & Judge, W. Q. 1997. Diversification and Top Management Team Complementarity: Is Performance Improved by Merging Similar or Dissimilar Teams? *Strategic Management Journal*, 18: 361 ~ 374.

Lawrence, B. S. 1997. The Black Box of Organizational Demography. *Organization Science*, 8 (1): 1 ~ 22.

Leung, K. , Koch, P. T. , & Lu, L. 2002. A Dualistic Model of Harmony and Its Implications for Conflict Management in Asia. *Asia Pacific Journal of Management*, 19: 201 ~ 220.

Liden, R. C. , Stilwell, D. , & Ferris, G. R. 1996. The Effects of Supervisor and Subordinate Age on Objective Performance and Subjective Performance Ratings. *Human Relations*, 49 (3): 327 ~ 347.

Lin, D. Y. & Wei, L. J. 1989. The Robust Inference for the Cox Proportional Hazards Model. *Journal of the American Statistical Association*, 84: 1074 ~ 1078.

Lockett, M. 1988. Culture and the Problems of Chinese Management. *Organization Studies*, 9 (4): 475 ~ 496.

McCain, B. , O'Reilly, C. A. Ⅲ. , & Pfeffer, J. 1983. The Effects of Departmental Demography on Turnover. *Academy of Management Journal*, 26: 626 ~ 641.

Michel, J. G. & Hambrick, D. C. 1992. Diversification Posture and Top Management Team Characteristics. *Academy of Management Journal*, 35 (1): 9 ~ 37.

Milliken, F. J. & Martins, L. L. 1996. Searching for Common Threads: Understanding the Multiple Effects of Diversity in Organizational Groups. *Academy of Management Review*, 21 (2): 402 ~ 433.

Mintzberg, H. 1979. An Emerging Strategy of "direct" Research. *Administrative Science Quarterly*, 24 (4): 582 ~ 589.

Mizruchi, M. 1983. Who Controls Whom? An Examination of the Relations Between Management and Boards of Directors in Large American Corporations. *Academy of Management Review*, 8:

426 ~ 435.

Murnighan, J. K. & Colon, D. E. 1991. The Dynamics of Intense Work Groups: A Study of British String Quartets. *Administrative Science Quarterly*, 36 (2): 165 ~ 186.

O'Reilly, C. A. Ⅲ., Caldwell, D. F. & Barnett, W. P. 1989. Work Group Demography, Social Integration, and Turnover. *Administrative Science Quarterly*, 34 (1): 21 ~ 37.

O'Reilly, C. A. Ⅲ., Snyder, R. C., & Boothe, J. N. 1993. Effect of Organizational Demography on Organizational Change. In G. P. Huber & W. H. Glick (Eds.), *Organizational Change and Redesign*: 147 ~ 175. New York: Oxford University Press.

Pan, W. & Parker, D. 1997. A Study of Management Attitudes in China State-owned Enterprises, Collectives and Joint Ventures. *Asia Pacific Business Review*, 3 (3): 38 ~ 63.

Parker, D. 1995. Privatization and the Internal Environment: Developing Our Knowledge of the Ddjustment Process. *International Journal of Public Sector Management*, 8 (2): 44 ~ 62.

Pelled, L. H. 1996. Demographic Diversity, Conflict, and Work Group Outcomes: An Intervening Process Theory. *Organization Science*, 7 (6): 615 ~ 631.

Pelled, L. H., Eisenhardt, K. M., & Xin, K. R. 1999. Exploring the Black-box: An Analysis of Work Group Diversity, Conflict, and Performance. *Administrative Science Quarterly*, 44 (1): 1 ~ 28.

Peng, M. W. & Luo, Y. 2000. Managerial Ties and Firm Performance in a Transitional Economy: The Nature of a Micro-macro Link. *Academy of Management Journal*, 43 (3): 486 ~ 501.

Pfeffer, J. 1983. Organizational Demography. In L. L. Cummings & B. M. Staw (Eds.), *Research in Organizational Behavior*, Vol. 5: 299 ~ 357. Greenwich, CT: JAI Press.

Pfeffer, J. & O'Reilly Ⅲ, C. A. 1987. The Demography and Turnover Among Nurses. *Industrial Relations*, 26 (2): 158 ~ 173.

Pitcher, P. & Smith, A. D. 2001. Top Management Team Heterogeneity: Personality, Power, and Proxies. *Organization Science*, 12 (1): 1 ~ 18.

Prahalad, C. K. & Hamel, G. 1990. The Core Competence of the Corporation. *Harvard Business Review* (May-June): 79 ~ 91.

Ryder, N. B. 1965. The Cohort as a Concept in the Study of Social Change. *American Sociological Review*, 30: 843 ~ 861.

Sacco, J. M. & Schmitt, N. 2005. A Dynamic Multilevle Model of Demographic Diversity and Misfit Effects. *Journal of Applied Psychology*, 90 (2): 203 ~ 231.

Schlevogt, K. A. 2001. The Distinctive Structure of Chinese Private Enterprises: State Versus Private Sector. *Asia Pacific Business Review*, 7 (3): 1 ~ 33.

Schneider, B. 1987. The People Make the Place. *Personnel Psychology*, 40: 437 ~453.

Shen, W. & Cannella Jr. , A. A. 2002a. Power Dynamics Within Top Management and Their Impacts on CEO Dismissal Followed by Inside Succession. *Academy of Management Journal*, 45 (6): 1195 ~1206.

Shen, W. & Cannella Jr. , A. A. 2002b. Revisiting the Performance Consequences of CEO Succession: The Impacts of Successor Type, Postsuccession Senior Executive Turnover, and Departing CEO Tenure. *Academy of Management Journal*, 45 (4): 717 ~733.

Shen, W. 2003. The Dynamics of the CEO-board Relationship: An Evolutionary Perspective. *Academy of Management Review*, 28 (3): 466 ~476.

Simons, T. , Pelled, L. H. , & Smith, K. A. 1999. Making Use of Differences: Diversity, Debate, and Decision Comprehensiveness in Top Management Teams. *Academy of Management Journal*, 42 (6): 662 ~673.

Simsek, Z. , Veiga, J. F. , Lubatkin, M. H. , & Dino, R. N. 2005. Modeling the Multilevel Determinants of Top Management Team Behavioral Integration. *Academy of Management Journal*, 48 (1): 69 ~84.

Smith, K. G. , Smith, K. A. , Olian, J. D. , Sims, H. P. , O'Bannon, D. P. , & Scully, J. A. 1994. Top Management Team Demography and Process: The Role of Social Integration and Communication. *Administrative Science Quarterly*, 39 (3): 412 ~438.

Sorensen, A. B. & Tuma, N. B. 1981. Labor Market Structures and Job Mobility. *Research in Social Stratification and Mobility*, 1: 67 ~94.

Stewman, S. 1988. Organizational Demography. *Annual Review of Sociology*, 14: 173 ~202.

Taber, M. E. & Hendricks, W. 2003. The Effect of Workplace Gender and Race Demographic Composition on Hiring Through Employee Referrals. *Human Resource Development Quarterly*, 14 (3): 303 ~319.

Tihanyi, L. , Ellstrand, A. E. , Daily, C. M. , & Dalton, D. R. 2000. Composition of the Top Management Team and Firm International Diversification. *Journal of Management*, 26 (6): 1157 ~1177.

Triandis, H. C. 1998. Vertical and Horizontal Individualism and Collectivism: Theory and Research Implications for International Comparative Management. In J. L. C. Cheng & R. B. Peterson (Eds.), *Advances in International Comparative Management*, Vol. 12: 7 ~35. Stamford, CO: JAI Press.

Tsui, A. S. & O'Reilly, C. A. Ⅲ. 1989. Beyond Simple Demographic Effects: The Importance of Relational Demography in Superior-subordinate Dyads. *Academy of Management Journal*, 32 (2): 402 ~423.

Tsui, A. S. , Egan, T. D. , & O'Reilly, C. A. 1992. Being Different: Relational Demography and Organizational Attachment. *Administrative Science Quarterly*, 37 (4): 549~579.

Tsui, A. S. , Xin, K. , & Egan, T. D. 1995. Relational Demography: The Missing Link in Vertical Dyad Linkage. In S. E. Jackson & M. Ruderman (Eds.), *Productivity and Interpersonal Relations in Work Teams Characterized by Diversity*. Washington, DC: American Psychological Association.

Tsui, A. S. , Porter, L. W. , & Egan, T. D. 2002. When Both Similarities and Dissimilarities Matter: Extending the Concept of Relational Demography. *Human Relations*, 55 (8): 899~929.

Tushman, M. L. & Rosenkopf, L. 1996. Executive Succession, Strategic Reorientation and Performance Growth: A Longitudinal Study in the U. S. Cement Industry. *Management Science*, 42 (7): 939~953.

Wagner, W. G. , Pfeffer, J. , & O'Reilly, C. A. III. 1984. Organizational Demography and Turnover in Top-Management Group. *Administrative Science Quarterly*, 29 (1): 74~92.

Warner, M. 2003. China's HRM Revisited: A Step-wise Path to Convergence? *Asia Pacific Business Review*, 9 (4): 15~31.

Webber, S. S. & Donahue, L. M. 2001. Impact of Highly and Less Job-related Diversity on Work Group Cohesion and Performance: A Meta-analysis. *Journal of Management*, 27: 141~162.

Wei, L. J. , Lin, D. Y. , & Weissfeld, L. 1989. Regression Analysis of Multivariate Incomplete Failure Time Data by Modeling Marginal Distribution. *Journal of the American Statistical Association*, 84: 1065~1073.

Wernerfelt, B. A. 1984. Resource-based View of the Firm. *Strategic Management Journal* (5): 171~180.

Wesolowski, M. A. & Mossholder, K. W. 1997. Relational Demography in Supervisor-Subordinate Dyads: Impact on Subordinate Job Satisfaction, Burnout, and Perceived Procedural Justice. *journal of Organizational Behavior*, 18 (4): 351~362.

West, M. A. & Anderson, N. R. 1996a. Innovation in Top Management Teams. *Journal of Applied Psychology*, 81 (6): 680~693.

West, M. A. & Schwenk, C. R. 1996b. Top Management Team Strategic Consensus, Demographic Homogeneity and Firm Performance: A Look at CEO Succession. *Strategic Management Journal*, 17: 571~576.

Westphal, J. D. & Zajac, E. J. 1995. Who Shall Govern? CEO/Board Power, Demographic Similarity, and New Director Selection. *Administrative Science Quarterly*, 40 (1): 60~83.

Wiersema, M. F. & Bantel, K. A. 1992. Top Mangement Team Demography and Corporate

Strategic Change. *Academy of Management Journal*, 35 (1): 91 ~ 121.

Wiersema, M. F. & Bantel, K. A. 1993a. Top Management Team Turnover as an Adaptation Mechanism: The Role of the Environment. *Strategic Management Journal*, 14 (7): 485 ~ 504.

Wiersema, M. F. & Bird, A. 1993b. Organizational Demography in Japanese Firms: Group Heterogeneity, Individual Dissimilarity, and Top Management Team Turnover. *Academy of Management Journal*, 36 (5): 996 ~ 1025.

Wiersema, R. M. & Gomez-Mejia, L. R. 1998. A Behavioral Agency Model of Managerial Risk Taking. *Academy of Management Review*, 23 (1): 133 ~ 153.

Wong, A. L. Y. & Slater, J. R. 2002. Executive Development in China: Is There Any in a Western Sense? *International Journal of Human Resource Management*, 13 (2): 338 ~ 360.

Xin, K. R. & Pearce, J. L. 1996. Guanxi: Connections as Substitutes for Formal Institutional Support. *Academy of Management Journal*, 39 (6): 1641 ~ 1658.

Yan, L. G., Zhao, H., & Baron, R. A. 2007. Influence of Founder-CEO's Personal Values on Firm Performance: Moderating Effects of Firm Age and Size. *Journal of Management*, 33 (5): 673 ~ 696.

Yang, K. S. 1981. Social Orientation and Individual Modernity Among Chinese Students in Taiwan. *Journal of Social Psychology*, 113: 159 ~ 170.

Zajac, E. J. & Westphal, J. D. 1996. Who Shall Succeed? How CEO/board Preferences and Power Affect the Choice of New CEO. *Academy of Management Journal*, 39 (1): 64 ~ 90.

Zenger, T. R. & Lawrence, B. S. 1989. Organizational Demography: The Differential Effects of Age and Tenure Distribution on Technical Communication. *Academy of Management Journal*, 32 (2): 353 ~ 376.

Zhang, Y. F. & Parker, D. 2002. The Impact of Ownership on Management and Structures in the Chinese Electronic Industry. *Asia Pacific Business Review*, 8 (3): 95 ~ 114.

后 记

　　这本书反映了我过去五年研究工作的主要成果，其中的内容主要有两个来源：一是我的博士学位论文，二是近三年在博士学位论文基础上进一步做的工作。

　　这本书的成稿过程让我了解了真实的研究历程：既是艰辛的，也是快乐的！对于我来说，这本书是一种鼓励。现在看来，当初为了完成书中的某些章节而下的功夫真的很了不起。比如，2006年的夏天，为了把数据库中的原始数据转化成按年列示的样本，我整个暑假都在做枯燥的复制、粘贴和简单的加减工作。现在拿着书稿，再想想大夏天干那样的活，感觉很欣慰。对于我来说，这本书也是一种激励。过去三年整理、扩展和发表相关成果的过程让我深深感觉到研究的无止境。比如，高水平的国际期刊匿名审稿人有一次对我们的论文提出了四十几条意见，大到论文框架，小到拼写错误，让我切身体会到他们的认真劲和专业精神。

　　本书并非我单打独斗的成果，许多人对成稿有贡献。首先要感谢我的导师刘洪教授。在博士论文的选题和完成，乃至后续研究过程中，刘老师一直都是我的指导者和合作者。其次，要感谢师兄李靖博士和光大证券的李震龙经理，得益于他们提供的数据，我的数据搜集和整理工作大大简化，要不然就不是花两个月，而是花八个月、十个月做复制、粘贴的工作了。还要感谢诸多的合作者，特别是邓玉林博士对于本书的贡献。本书的成稿还得益于诸多专家、学者的帮助，本书部分内容曾经在国内、国际会议上进行交流或者曾在学术期刊上进行发表，十多位匿名审稿人和杂志主编、副主编以及更多的参会同行为我们提供了宝贵的修改意见，在此一并致谢。最后，要特别感谢贾良定教授，感谢他带我认识了实证研究，并且在研究方法的资料获取和实际应用方面给予我的宝贵指导。

　　本书能够出版，还得益于多个机构的支持。自 2007 年 6 月到河海大学商学院工作，学校和学院就为我的研究创造了良好的条件，不但提供了办公地点和设备，还通过科研启动经费、校人文社科研究项目等方式对我的研究进行了资助。在此诚挚感谢学校和学院的领导、同事对我的关心和帮助。同时也感谢教育部"高校社科文库"、中央高校基本科研业务费专项资金和河海大学"211 工程"三期重点学科建设项目"技术经济及管理"为本书出版提供的资助。感谢光明日报出版社各位编辑老师在本书出版过程中付出的时间和精力。

　　最后，谨以此书献给我的父母、妻子和女儿！事实上，本书是我与他们的共同成果！

张龙

于河海大学博学楼

2010 年 9 月 8 日